Architekturwunder

Architekturwunder

© Naumann & Göbel Verlagsgesellschaft mbH, Köln
Emil-Hoffmann-Straße 1
D-50996 Köln
Autor: Maximilian Bernhard
Produktion und Redaktion: twinbooks, München (Ina Gärtner, Jennifer Künkler)
Gesamtherstellung: Naumann & Göbel Verlagsgesellschaft mbH, Köln
Alle Rechte vorbehalten
ISBN 978-3-625-13021-5

www.naumann-goebel.de

Vorwort

„Ein Fahrradschuppen ist ein Gebäude; die Kathedrale von Lincoln ist ein Stück Architektur." So griffig hat einmal der große Kunsthistoriker Nikolaus Pevsner Architektur definiert. Der Begriff könne ausschließlich auf Gebäude angewendet werden, die mit einem ästhetischen Anspruch entworfen worden sind.

Außergewöhnliche, bedeutende, formvollendete und auch verrückte und bizarre architektonische Leistungen versetzten die Menschen seit jeher in Begeisterung, ja, manche Bauwerke rauben dem Betrachter fast den Atem. So beispielsweise der Petersdom im Vatikan: Wer verstummt nicht vor Faszination über die Größe und Prunkhaftigkeit dieses sakralen Meisterwerkes? Oder Dubais utopisch anmutende Sandinseln in der Form einer Palme, der Erdkugel oder eines Killerwals, aufgeschüttet aus Milliarden Kubikmetern Meeressand. Aus diesem Grund sprechen wir nicht zu Unrecht von Architekturwundern, wenn wir die herausragenden Bauten meinen, die in diesem Buch vorgestellt werden – 500 Bauwerke, die das Attribut „Wunder" verdienen, jedes auf seine Art. Sie sind historische, kulturgeschichtliche, sozialgeschichtliche, technische, kunstgeschichtliche, teils berühmte, teils zerstörte, teils sogar vergessene Bauten.

Diese Auswahl kann nur subjektiv sein. Ziel war es, die außergewöhnliche Fülle der architektonischen Ausdrucksmöglichkeiten zu zeigen, die Bauwerke in Kürze vorzustellen und einzuordnen. Die Bandbreite ist nahezu unendlich, die Untergliederung in Länder ein Versuch, Struktur in die Fülle an Bauten zu bringen. Natürlich konnten nicht alle Kontinente gleichermaßen erschöpfend beschrieben werden, das Hauptaugenmerk liegt auf Europa, dessen Entwicklung in baukünstlerischer Hinsicht für große Teile der Welt richtungsweisend war. Ein informatives Glossar und ein ausführliches Register ergänzen die Einzeldarstellungen.

Die zeitliche Spanne reicht vom 5000 Jahre alten Stonehenge über die ägyptischen Pyramiden, die geheimnisumwitterten Bauten der Inka-Periode bis hin zum Kolosseum der Zeitwende und weist von hier über die großen Kathedralen, über asiatische Tempel bis hin zu den himmelstürmenden Wolkenkratzern des 21. Jahrhunderts.

Das Buch möchte dem Leser Lust machen, eine Vielzahl der hier beschriebenen Meisterwerke zu studieren, deren volle Schönheit zu genießen und vielleicht sogar einmal vor Ort aufzusuchen und mit eigenen Augen zu betrachten.

Inhalt

Europa

Norwegen	10
Schweden	10
Finnland	13
Dänemark	13
Großbritannien	14
Niederlande	29
Belgien	29
Frankreich	33
Deutschland	50
Schweiz	77
Österreich	78
Italien	84
Spanien	116
Portugal	128
Russland	132
Litauen	138
Ukraine	138
Polen	139
Tschechien	142
Slowakei	148
Ungarn	148
Kroatien	151
Serbien	151
Rumänien	152
Bulgarien	152
Griechenland	153

Afrika und Naher Osten

Türkei	162
Syrien	165
Libanon	166
Israel	167
Jordanien	168
Algerien	168
Marokko	169
Tunesien	170
Libyen	172
Ägypten	173
Saudi-Arabien	178
Jemen	178
Vereinigte Arabische Emirate	180
Äthiopien	181
Côte d'Ivoire	182
Mali	182
Tansania	183
Irak	184
Iran	185

Asien und Ozeanien

Usbekistan	188
Afghanistan	189
Pakistan	190
Indien	191
Myanmar	200
Sri Lanka	201
Thailand	202
Malaysia	202
Kambodscha	204
China	205
Japan	211
Taiwan	214
Indonesien	214
Australien	215
Neukaledonien	216

Amerika

Kanada	220
USA	221
Mexiko	239
Ecuador	242
Guatemala	243
Dominikanische Republik	243
Peru	244
Brasilien	246
Argentinien	247

Glossar	248
Register	252
Bildquellen	256

EUROPA

WIEGE DER ARCHITEKTURGESCHICHTE

Ob Kolosseum oder Eiffelturm, Akropolis oder Kölner Dom, Sagrada Família oder Buckingham Palace – die Mannigfaltigkeit des europäischen Kontinents in architektonischer Hinsicht ist unbeschreiblich und kaum fassbar. Obwohl Europa mit 10,5 Millionen Quadratkilometern nur den zweitkleinsten Kontinent bildet, ist seine Entwicklung in baugeschichtlicher Hinsicht maßgebend für die ganze Welt. Von der Antike bis hin zu den verschiedensten Stilen der Moderne: Alle uns bekannten abendländischen Stilrichtungen sind europäischen Ursprungs. Jede Epoche brachte ihre eigenen Schöpfungen hervor, die heute Touristen aus aller Welt anziehen: antike Tempel und römische Gewölbebauten, mauerschwere Burgen und Dome der Romanik und himmelstrebende gotische Kathedralen. Die Renaissance mit ihren Palazzi, die prunkenden Kirchen des Barock und die kühle Architektur des Klassizismus werden abgelöst durch die Vielfalt historisierender Stilrichtungen, durch Ingenieursbauten aus Eisen, die verspielten Gebäude des Jugendstils und die Hightecharchitektur der Gegenwart. Das alles ist Europa – und noch viel mehr. Wer eintaucht in diesen europäischen Kosmos, wird überwältigt sein von seiner faszinierenden Fülle.

Norwegen

Nidarosdom, Trondheim (unten)

Trondheims Dom gehört zu den größten Sakralbauten Skandinaviens und war lange die Krönungsstätte der norwegischen Könige. Der ab 1150 errichtete Bau wurde mehrfach zerstört und wieder aufgebaut, ein letztes Mal seit 1869 von Heinrich Ernst Schirmer (1814–1887). Der Wallfahrtsort zur Grablege des heiligen Olav II. Haraldsson (995–1030) beeindruckt vor allem durch seine Westfassade mit der Personengalerie, die berühmte Norweger und Gestalten aus der Bibel darstellt.

Stabkirche, Heddal (rechte Seite oben)

Um 1250 wurde in Heddal die größte und imposanteste norwegische Stabkirche errichtet. Wegen ihrer beeindruckenden Außenerscheinung mit den rhythmisch gestaffelten Dächern und den zahlreichen Türmchen wird der Bau auch oft als „Kathedrale aus Holz" bezeichnet. Der Eindruck extremen Prunks setzt sich in dem reich geschnitzten Innenraum mit seinem typisch gedämpften Licht fort.

Schweden

Königliches Schloss, Stockholm (rechte Seite Mitte links)

Zwischen 1690 und 1750 wurde der gewaltige Renaissance- und Barockbau im Herzen Stockholms von Nicodemus Tessin d. J. (1654–1728) errichtet. Es befindet sich inmitten der Hauptstadt und besticht durch seine trutzig wirkende Monumentalität. Der quadratische Hauptbau wird von zwei niedrigeren Flügeln flankiert, die Innenausstattung ist prachtvoll und beinhaltet Schwedens Schatzkammer.

EUROPA – Schweden

Schloss Drottningholm, Lovön
(unten links)

Auf einer kleinen Insel im Mälarsee befindet sich der barocke Prachtwohnsitz der schwedischen Königsfamilie. Französische Gartenkunst im Stil des Landschaftsarchitekten André Le Nôtre war Vorbild für die Gärten des ab 1660 von Nicodemus Tessin d. Ä. (1615–1681) erbauten Prunkbauwerkes. Das chinesische Schlösschen sowie das hervorragend erhaltene Theater stechen aus dem Weltkulturerbebau besonders hervor.

Turning Torso, Malmö
(unten rechts)

Das 1999–2004 vom spanischen Stararchitekten Santiago Calatrava (*1951) erbaute Hochhaus ist schon heute zum Wahrzeichen Malmös geworden. Der in bewusster Anlehnung an einen gedrehten menschlichen Körper entworfene Turm ist aus neun Kuben mit je fünf Stockwerken zusammengesetzt, in dessen Innerem sich sowohl Wohneinheiten wie auch Gemeinschaftseinrichtungen befinden.

Finnland

Festung Suomenlinna
(linke Seite)

Die auch „Gibraltar des Nordens" genannte Festung liegt auf mehreren miteinander verbundenen Inseln vor Helsinki, ist eine der größten Seefestungen der Welt und gehört seit 1991 zum Weltkulturerbe. Die 1748 von den schwedischen Herrschern begonnene und hervorragend erhaltene Festung zählt zu den herausragenden Meisterwerken der Bastionsarchitektur.

Dänemark

Dom, Roskilde
(oben)

Die Kathedrale von Roskilde ist der erste gotische Backsteindom und gehört zu den imposantesten Bauwerken des Landes. 1170 im romanischen Stil begonnen und 1280 im gotischen Stil fertiggestellt, ist der Dom die traditionelle Begräbnisstätte der dänischen Herrscher. Die Marmor- und Alabastergrabmäler gehören zu den Hauptanziehungspunkten des seit 1995 zum Weltkulturerbe zählenden Gotteshauses.

Schloss Kronborg, Helsingør
(unten)

Die Verkleidung mit Sandsteinplatten unterscheidet Kronborg von den anderen Renaissanceschlössern Dänemarks. 1574–1584 erbaut, diente das Schloss William Shakespeare als Schauplatz für sein Drama „Hamlet". Kronborg liegt an der engsten Stelle des Öresunds, nur 4 km von Schweden entfernt. Heute ist in der Vierflügelanlage ein Museum untergebracht.

Großbritannien

Edinburgh Castle, Edinburgh
(oben)

Die bekannteste Sehenswürdigkeit Schottlands wirkt, als ob sie direkt aus dem Fels emporgewachsen sei. Der älteste Teil des Edinburgh Castle ist die normannische St.-Margaret-Kapelle aus dem 12. Jahrhundert. Heute befinden sich in den Räumen die schottischen Kronjuwelen und der „Stein des Schicksals", auf dem im Mittelalter die schottischen und englischen Könige gekrönt wurden.

Scottish Parliament, Edinburgh
(unten)

2004 konnte der umfangreiche Gebäudekomplex des schottischen Parlaments mit dreijähriger Verspätung eröffnet werden. Nach Plänen von Enric Miralles (1995–2000) ist ein mit den höchsten Preisen ausgezeichnetes Ensemble entstanden, das durch seine Form – z. B. die wie umgedrehte Kähne wirkenden Dächer – und seine Materialien auf den Ort, die Traditionen und die schottische Geschichte Bezug nimmt.

Forth Bridge, Edinburgh (oben)

Die Eisenbahnbrücke über den Firth of Forth war zum Zeitpunkt ihrer Eröffnung die größte Brücke der Welt und gilt heute noch als eines der stabilsten bestehenden Bauwerke. Die völlig neuartige Auslegerbrücke mit ihren rautenförmigen Fachwerkträgern wurde 1883–1890 von John Fowler (1817–1898) und Benjamin Baker (1840–1907) errichtet. Trotz der genialen Konstruktion konnte sich das Konzept der Brücke wegen der enormen Baukosten nicht durchsetzen.

St. Cuthbert Cathedral, Durham (unten)

Die Baumeister des 1093 begonnenen Kirchenbaus gehörten zu den innovativsten in ganz Europa: Der Einsatz von Rippengewölben und ein funktionierendes Dienst-Rippen-System zählen zu den großen Neuerungen ihrer Zeit. Die unverrückbare Schwere des Baus, beispielsweise an den stattlichen Pfeilerkolossen zu sehen, war es wohl, die Durham zum Inbegriff normannischer Baukunst gemacht hat.

Durham Castle, Durham
(oben)

Durham Castle gehört seit 1986 zum Weltkulturerbe. Die hoch auf einem Hügel gelegene, im 11. Jahrhundert begonnene Burg ist in der für die Normannen typischen Mottenbauweise erbaut. Als Bollwerk errichtet, diente die Burg lange Zeit als Sitz der Fürstbischöfe. Die normannische Burgkapelle sowie die im 17. Jahrhundert entstandene Burgtreppe zeugen noch heute eindrucksvoll davon.

University of East Anglia (UEA), Norwich *(linke Seite unten)*

Neben den von Denys Lasdun (1914–2001) in den 1960er-Jahren errichteten terrassierten Wohnblöcken aus Sichtbeton, die derzeit abgetragen werden, bietet der Campus der UEA ein weiteres architektonisches Highlight: Das Sainsbury Centre for Visual Arts ist einer der ersten Bauten des britischen Stararchitekten Norman Foster (* 1935) und besticht vor allem durch seinen lichtdurchfluteten Innenraum.

Caernarfon Castle, Caernarfon *(oben)*

Caernarfon gehört zu den bekanntesten Burgen Großbritanniens und ist die prächtigste Anlage, die König Edward I. ab 1282/83 in Nordwales bauen ließ. Die auf einem ungewöhnlichen Grundriss errichtete Burg wird von den 13 mächtigen Türmen dominiert, von denen keiner dem anderen gleicht. Anregungen für die als Burg und Königspalast dienende Anlage stammen wahrscheinlich aus dem fernen Konstantinopel.

St. George's Hall, Liverpool *(unten)*

Der Stolz Liverpools ist die gewaltige St. George's Hall, die Harvey Lonsdale Elmes (1813–1847) und Charles Robert Cockerell (1788–1863) in den Jahren 1839–1854 erbauten. In dem klassizistischen Tempelbau mit seinen Portiken, Giebelfronten und Säulenstellungen sind Gerichtssäle sowie eine große Konzert- und Veranstaltungshalle untergebracht. Der Bau ist Teil des Liverpooler Weltkulturerbes.

King's College Chapel, Cambridge *(linke Seite)*

Die ab 1446 errichtete Kapelle gehört zu den eindrucksvollsten und schönsten Innenräumen der gesamten Gotik. Das gewaltige Fächergewölbe wurde hier erstmals in eine große Form gebracht und ist bis heute das größte der Welt. Diese Art der Wölbung – eine Innovation englischer Baumeister – ist von solcher Virtuosität, dass auch die reichsten Gewölbe des europäischen Festlandes nicht an sie heranreichen.

Blenheim Palace, Woodstock *(oben)*

Die 1705–1725 errichtete barocke Schlossanlage der Herzöge von Marlborough wurde von John Vanbrugh (1664–1726) begonnen und von Nicholas Hawksmoor (1661–1736) vollendet. Auf einer Fläche von 275 x 175 m erstreckt sich auf einer überwältigenden Anlage das größte nichtkönigliche Schloss Englands. Der Geburtsort von Winston Churchill gehört seit 1987 zum Weltkulturerbe.

King's Cross Station, London *(unten links)*

Lewis Cubitt (1799–1883) konnte mit seinem 1851/1852 errichteten Bahnhof auf keine Vorbilder zurückgreifen: So darf der Bau eines der schönsten viktorianischen Bauwerke Londons gar nicht hoch genug eingeschätzt werden. Groß wurde das Interesse an King's Cross erneut durch J. K. Rowlings Harry-Potter-Romane, in denen der „Hogwarts Express" von dem geheimnisvollen Gleis 9 ¾ dieses Bahnhofs abfährt.

St. Paul's Cathedral, London *(unten rechts)*

Londons wohl bekannteste Kirche wurde ab 1673 von Christopher Wren (1632–1723) errichtet und stellt dessen Meisterwerk dar. Der Bau hat seinen Höhepunkt zweifelsfrei in der riesigen Kuppel, der zweitgrößten der Welt nach der des Petersdoms. Diese dreischalige Konstruktion, die sich baukünstlerisch an Bramantes römischen Tempietto anlehnt, bekrönt ein einzigartiges Bauwerk, in dem der Architekt auch bestattet wurde.

Tower of London, London *(oben)*

Zum Pflichtprogramm jedes Londonbesuchs gehört die Besichtigung der altehrwürdigen Befestigungsanlage. Zentraler Teil ist der aus dem 11. Jahrhundert stammende „White Tower" mit seinen bis zu 5 m starken Mauern. Die im 14. Jahrhundert weitgehend fertiggestellte Anlage, seit 1303 Aufbewahrungsort der britischen Kronjuwelen, wird noch heute von den weltberühmten „Beefeaters" bewacht.

30 St Mary Axe, London *(unten)*

Seit April 2004 besitzt London ein weiteres Wahrzeichen: Das 180 m hohe Bürogebäude wurde von Norman Foster (* 1935) errichtet und ist unter dem Namen Swiss Re-Tower bekannt. Mit dem sich spiralförmig in die Höhe schraubenden Turm wurde dem herkömmlichen Rasterhochhaus eine Wendung verliehen. Der faszinierende Bau wurde schon bald liebevoll mit den denkwürdigsten Kosenamen (Gurke, Tannenzapfen) bedacht.

City Hall, London (oben)

Das 45 m hohe Londoner Rathaus, das schon bald mit einem Motorradhelm oder einem eingedrückten Ei verglichen wurde, entstand 2000–2002 nach Plänen Norman Fosters (* 1935). Der vollständig verglaste, geschossweise zurückgestufte Bau erhielt seine Form aus Gründen der Energieersparnis. Der Aufstieg über die etwa 500 m lange Rampe im Inneren wird mit einem grandiosen Ausblick belohnt.

Tower Bridge, London (unten)

Zu den bemerkenswertesten Wahrzeichen Londons gehört die 1886–1894 von Horace Jones (1819–1887) und John Wolfe-Barry (1836–1918) im neugotischen Stil erbaute Brücke. Die beiden 66 m hohen Türme sind reine, mit Stein verkleidete Stahlkonstruktionen, in denen sich die hydraulische Anlage befand, mit deren Hilfe die je 1100 t schweren Teile der Zugbrücke bis zu 50 Mal am Tag hochgepresst wurden.

Westminster Hall, London
(oben)

Die beeindruckende Halle im Palace of Westminster entging als einer der wenigen Gebäudeteile dem verheerenden Brand von 1834, der den Neubau der Parlamentsgebäude nach sich zog. Der Raum wurde 1399 komplett restauriert und erhielt seine heutige Form. Ein architektonisches Preziosenstück ist die 70 x 20 m große Holzdecke der Halle, eine baukünstlerisch wie bautechnisch einmalige Leistung.

Houses of Parliament, London
(unten)

Das Symbol der demokratischen Tradition der Briten ist erst knapp über 150 Jahre alt und wurde von Charles Barry (1795–1860) und Augustus Pugin (1812–1852) nach dem großen Brand von 1834 neu erbaut. Zu dem riesigen Komplex gehört auch der weltberühmte Glockenturm, den jeder als „Big Ben" kennt, obwohl mit diesem Namen eigentlich nur die große Glocke im Parlamentsturm gemeint ist.

Westminster Abbey, London
(oben)

In der 1245 begonnenen berühmten Londoner Kathedrale werden traditionell die englischen Könige gekrönt und beigesetzt. Höhepunkt der Anlage ist, neben dem Chapter House, die Kapelle Heinrichs VII. mit den weltberühmten Fächergewölben. Die einzelnen Fächer hängen hier wie Lampen von der Decke und besitzen eine einmalige Virtuosität. Sie sind ein Kunststück, das blankes Staunen hervorruft.

Buckingham Palace, London
(unten)

Unzählige Besucher knipsen jeden Tag den Wachwechsel der königlichen Garden vor dem gewaltigen Bauwerk, das seit 1837 Hauptresidenz der britischen Regenten ist. 1825–1835 von John Nash (1752–1835), der auch den berühmten Triumphbogen Marble Arch errichtete, weitgehend umgestaltet, ist der Westflügel des Palastes seit den 1990er-Jahren in den Sommermonaten auch für die Öffentlichkeit zugänglich.

The O2, London
(oben)

Die von 1999–2000 von Richard Rogers (* 1933) erbaute Arena, die ursprünglich unter der Bezeichnung „Millenium Dome" bekannt wurde, ist der größte frei stehende Baukörper Großbritanniens. Das riesige Gebäude (320 m im Durchmesser, 50 m hoch) wurde in seiner Funktion als Ausstellungshalle viel kritisiert und bis 2007 zu einer Sport- und Konzertarena umgebaut, in der bis zu 20 000 Besucher Platz finden.

Kew Gardens Palm House, London *(unten)*

Das Tropenhaus wurde 1841–1849 von Decimus Burton (1800–1881) und Richard Turner (1798–1881) errichtet. Der riesige viktorianische Bau lehnt sich eng an das Glashaus in Chatsworth von Joseph Paxton an. Die gewaltigen, revolutionären Konstruktionen machen die neuen Möglichkeiten der Baustoffe Eisen und Glas anschaulich und sind erste Vorboten einer späteren modernen Massenproduktion.

Queen's House, London
(rechte Seite oben)

1616 wurde der Grundstein für das Haus der Königin in Greenwich gelegt, das einen Paradigmenwechsel in der englischen Architektur bedeutete. Inigo Jones (1573–1652), der glühende Verehrer Andrea Palladios, hat hier zwei durch eine Brücke verbundene Gebäudekomplexe errichtet. Der außergewöhnlichen Vornehmheit und der auf klassische Grundformen beschränkten Architektur sollte damit die Zukunft gehören.

Royal Crescent, Bath
(Mitte)

Der von John Wood II. (um 1704–1754) von 1767–1775 errichtete Platz gehört zu einer im 18. Jahrhundert durchgeführten umfangreichen Neugliederung von Bath. Die riesige korbbogenförmige Anlage verbirgt hinter ihrer Fassade nicht weniger als 30 Reihenhäuser. Nach Süden hin öffnen sich die halbmondförmigen Gebäude zu weiten Wiesen- und Parkflächen. Die Kolossalordnung hat ihre Vorbilder in den Bauten Michelangelos.

Aquae Sulis, Bath
(unten)

Eine der Hauptattraktionen der westenglischen Stadt Bath sind die hervorragend erhaltenen römischen Badeanlagen. In Bath befinden sich drei heiße Quellen, um die und die damit verbundenen Heiligtümer sich im Laufe der Zeit eine komplette Stadt entwickelte. Zentrum des Bades war das bleiverkleidete und von Säulen umgebene große Becken.

Windsor Castle, Windsor
(oben links)

Kein anderer Ort Großbritanniens ist so geschichtsträchtig wie das majestätisch hoch über der Themse thronende Schloss Windsor. In seiner tausendjährigen Geschichte wurde die repräsentative Anlage immer wieder umgebaut, hat aber dennoch nichts von ihrem trutzigen, aber auch märchenhaften Charakter verloren. Das größte bewohnte Schloss der Welt gehört zu den Hauptsehenswürdigkeiten Englands.

Eden Project, Bodelva
(unten)

2001 wurde der gewaltige botanische Garten bei St. Austell eröffnet. Bestimmt wird die Anlage durch zwei riesige Gewächshäuser, die aus jeweils vier miteinander verschliffenen geodätischen Kuppeln bestehen. In diesem von Nicholas Grimshaw (* 1939) entworfenen, mit doppelwandigen Kunststoffkissen überzogenen Raumfachwerk – den größten Gewächshäusern der Welt – werden verschiedene Vegetationszonen simuliert.

St. Andrew's Cathedral, Wells
(linke Seite oben rechts)

Das Langhaus der wohl kurz nach 1174 begonnenen Kirche zeigt eine sehr strenge und extrem unfranzösische Architektur mit einem gewaltigen Tiefensog. Einzigartig sind die Verstrebungsbögen in der Vierung. Der gesamte Ostbau kann als Höhepunkt des Decorated Style gelten. Sollte er vollständig von einem Baumeister stammen, so gehört dieser unfraglich zu den genialsten Köpfen der Architekturgeschichte.

Stonehenge, Amesbury
(oben)

Bereits seit 1986 zählt das bekannteste Steinzeitdenkmal der Welt zum Weltkulturerbe. Entstanden ist die Anlage aus zwei Kreisen aufrecht stehender Steine, die durch liegende Felsblöcke paarweise miteinander verbunden sind, in drei großen Phasen ab etwa 3100 v. Chr. Die Funktion der Anlage ist bis heute ungewiss; möglicherweise war sie eine Art vorgeschichtliches Observatorium oder eine heidnische Kultstätte.

Cathedral of Christ, Canterbury
(unten)

Das Erzbistum Canterbury war seit jeher das kirchliche Zentrum Englands. Mit dem ab 1175 erfolgten Neubau der Kathedrale begann in England die Gotik. Der frühgotische Chor sowie das später begonnene Langhaus sprühen vor Innovationen. Der gewaltige Vierungsturm aus dem 15. Jahrhundert – der sogenannte Bell Harry – birgt mit dem Fächergewölbe ein letztes Wunderwerk englischer Wölbkunst der Spätgotik.

EUROPA – Niederlande · Belgien

Niederlande

Königspalast, Amsterdam
(linke Seite oben links)

Das ehemalige Rathaus von Amsterdam ist das wichtigste Zeugnis des Goldenen Zeitalters der Niederlande und unbestritten das Meisterwerk Jacob van Campens (1595–1657). Unmittelbar nach Abschluss des Westfälischen Friedens wurde der Bau mit seiner doppelstöckigen Fassadengliederung begonnen. Der Bürgersaal nimmt die komplette Höhe des Baus ein und ist Ausdruck des Selbstverständnisses der Amsterdamer Bürger.

Rietveld-Schröder-Haus, Utrecht *(linke Seite oben rechts)*

1924 wurde diese Ikone der modernen Architektur errichtet: Das Haus Schröder ist Gerrit Rietvelds (1888–1964) einziges herausragendes Bauwerk und wurde 2000 in die Liste des Weltkulturerbes aufgenommen. Die Einflüsse der De-Stijl-Bewegung mit ihrem Wortführer Piet Mondrian (1872–1944) sind unübersehbar. Die Wände im Obergeschoss sind verschiebbar, wodurch sich unterschiedlich große Räume schaffen lassen.

Belgien

Liebfrauenkathedrale, Antwerpen *(linke Seite unten)*

Die Dimensionen sind enorm: Von den fünf geplanten Türmen der Antwerpener Kathedrale wurde nur der in fein durchbrochener Steinmetzarchitektur endende Nordturm errichtet, der eine stolze Höhe von 123 m erreicht. Das siebenschiffige Langhaus der 1352 begonnenen und im 15. Jahrhundert fertiggestellten Basilika birgt als Hauptsehenswürdigkeit vier Meisterwerke von Peter Paul Rubens.

Atomium, Brüssel
(oben)

Das Wahrzeichen Brüssels wurde anlässlich der Weltausstellung 1958 als Symbol des wissenschaftlichen Fortschritts errichtet. Es stellt die Gitteranordnung eines Eisenmoleküls in milliardenfacher Vergrößerung dar. Die Gesamthöhe beträgt 102 m, jede der gigantischen neun Stahlkugeln hat einen Durchmesser von 18 m und wiegt etwa 200 t. In den Verbindungsröhren sind Gänge, Treppen und Aufzüge untergebracht.

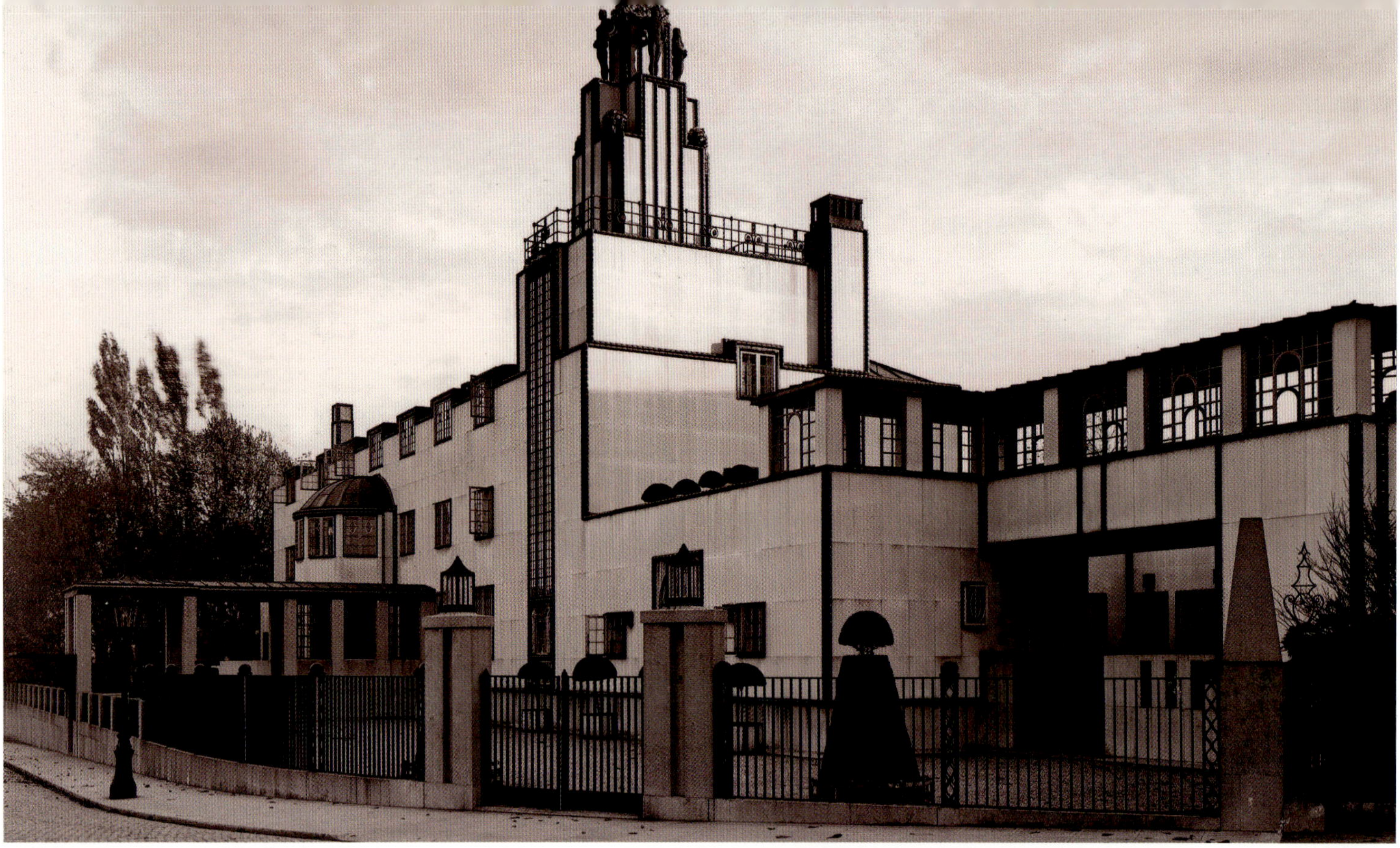

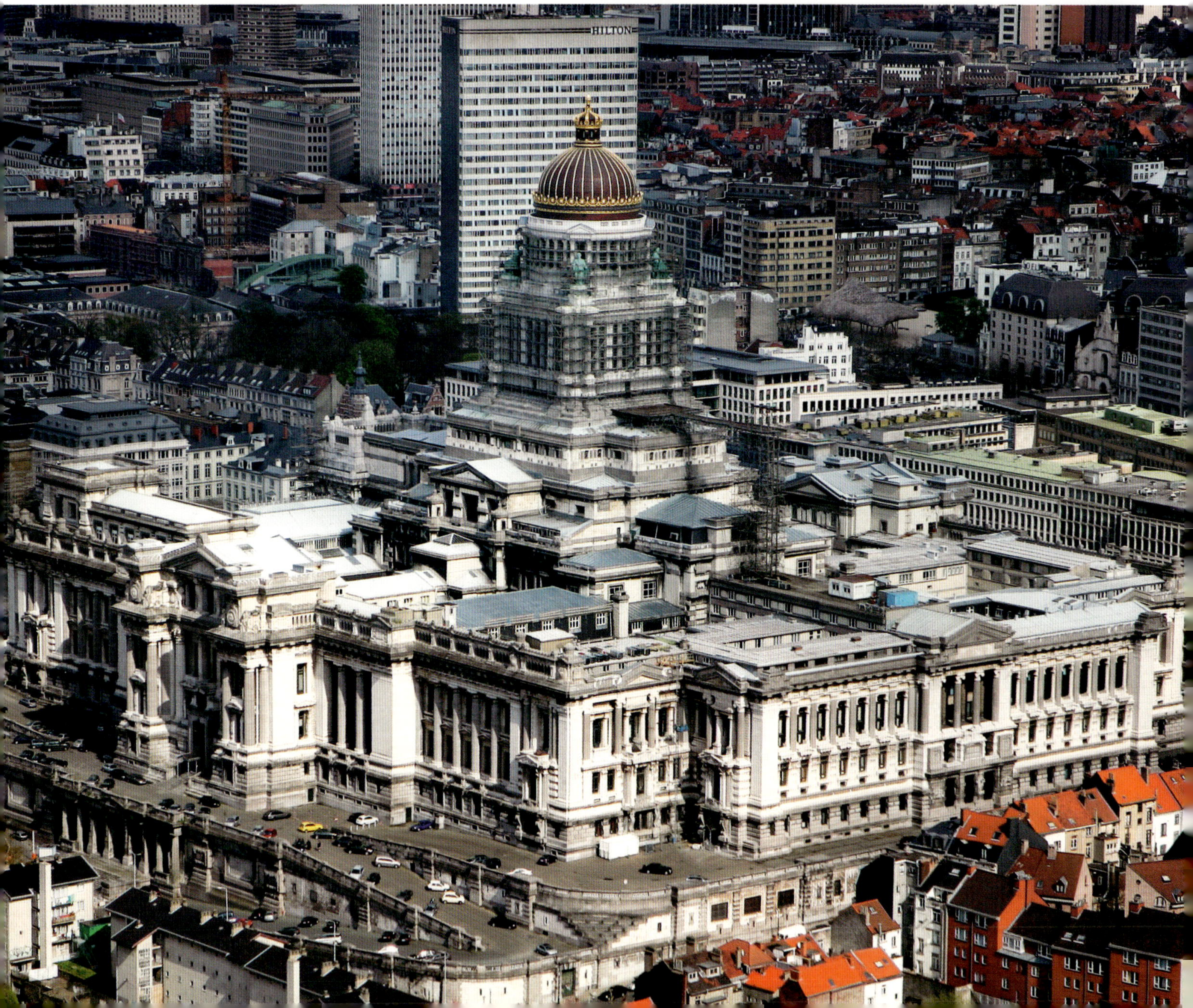
HILTON

Palais Stoclet, Brüssel
(linke Seite oben)

Die 1905–1911 von dem aus Mähren stammenden Josef Hoffmann (1870–1956) errichtete Industriellenvilla gilt als Höhepunkt und zugleich Ausklang des Wiener Sezessionsstils. Hoffmann setzte die gesamten Wiener Werkstätten für dieses Projekt ein, fertigte die Möbelentwürfe selbst und gewann sogar Gustav Klimt für zwei Wandgemälde. Heute gehört das Palais Stoclet zum UNESCO-Weltkulturerbe.

Justizpalast, Brüssel
(linke Seite unten)

Der zwischen 1866–1883 von Joseph Poelaert (1817–1879) errichtete Justizpalast war über viele Jahre hinweg das größte Gebäude Europas und zählt noch heute zu den pompösesten Bauten des Historismus. Um Platz zu schaffen, musste ein ganzes Stadtviertel weichen. Das Stilgemisch aus ägyptischen, assyrischen, antiken und sogar barocken Formen gipfelt in der über 100 m hohen Kuppel über dem großen Saal.

Kathedrale Notre-Dame, Tournai *(unten)*

Die etwa ab 1160 entstandene, heute zum Welterbe gehörende Kathedrale lehnte sich in ihrer ursprünglichen Form an die Bauten der rheinischen Spätromanik an. Hiervon zeugen noch das beeindruckende Langhaus mit seinem vierstöckigen Aufbau und die gewaltige Fünfturmanlage, die das Stadtbild von Tournai beherrscht. Im Osten wurde im 13. Jahrhundert ein rein gotischer Umgangschor angebaut.

Frankreich

Notre-Dame, Reims
(linke Seite)

Die 1211 begonnene Kathedrale gehört zu den größten Schöpfungen der Architektur. Vorbild und Herausforderung war die 17 Jahre vorher begonnene Kathedrale in Chartres. Die wichtigste Innovation in Reims war die Erfindung des Maßwerks. Die Westfassade der dreischiffigen Basilika gilt als Höhepunkt der Kathedralfassaden, und die Portalskulpturen sind von höchster Qualität.

Schloss, Chantilly
(oben)

Chantilly liegt auf einer kleinen Insel inmitten eines künstlichen Sees. Die mittelalterliche Anlage wurde im 16. Jahrhundert erweitert und später noch mehrmals umgestaltet. Der riesige Schlosspark ist einer der berühmtesten Frankreichs, das Musée Condé beherbergt weltberühmte Handschriften wie die „Très Riches Heures" der Brüder von Limburg aus dem 15. Jahrhundert und eine Gutenberg-Bibel.

Notre-Dame, Amiens
(unten rechts)

Der 1220 begonnene Bau ist mit 145 m Länge die größte Kathedrale Frankreichs. Wegen ihrer baulichen Präzision stand Notre-Dame d'Amiens für viele Gotikbewunderer an erster Stelle der klassischen Kathedralen. Heute nimmt diesen Platz eher Chartres ein. Dennoch zählt der seit 1981 zum Weltkulturerbe gehörende Bau zum Besten und Einflussreichsten, was die Gotik hervorgebracht hat.

Saint-Rémi, Reims
(unten links)

1007–1049 baute man in Reims eine weiträumige Emporenbasilika, der seit etwa 1165 eine Fassade und ein Umgangschor angefügt wurden. Der Chor ist ein Meisterwerk der Frühgotik und in seiner erfinderischen Fantasie kaum zu übertreffen: Nicht nur der vierstöckige Aufbau, sondern auch die rhythmisierten Säulenstellungen, die Drillingsfenster und das Strebewerk sind in ihrer Form einmalig.

Zisterzienserabtei, Chiry-Ourscamp (oben)

Vom 1129 gegründeten Kloster Ourscamp stehen heute nur noch wenige Teile. Ein besonderes Kuriosum ist, dass der Ostteil der Kirche im 19. Jahrhundert durch ihren damaligen Besitzer, der eine große Begeisterung für romantische Ruinen hegte, absichtlich in den heutigen ruinösen Zustand gebracht wurde. Exzellent erhalten ist das um 1220 entstandene berühmte Krankenhaus.

Benediktinerabtei, Mont-Saint-Michel (unten)

Mitten im Wattenmeer erhebt sich die großartigste Klosterburg Europas, die die Reliquien des Erzengels Michael beherbergt. 966 begann der Ausbau des Klosters, das seit 1979 zum Weltkulturerbe zählt. Zu den bedeutendsten Bauteilen gehören Rittersaal und Refektorium, die Choranlage sowie der grandiose Kreuzgang mit einem einmaligen Blick durch die Arkatur hinaus aufs Meer.

Saint-Étienne, Caen
(unten links)

Der ab 1060 errichtete Bau wurde von Wilhelm dem Eroberer (um 1027–1087) und seiner Frau Mathilde von Flandern (um 1032–1083) als Kirche des Mönchskonvents gestiftet. Die Innengliederung hatte eine reiche Nachfolge in der normannischen Architektur Englands. Die Fassade ist eine der ersten Zweiturmfassaden überhaupt, und der Ostbau gehört zu den faszinierendsten Choransichten der gesamten Gotik.

Schloss, Versailles
(oben)

Kein anderes Schloss hatte einen vergleichbaren Vorbildcharakter und verkörpert das absolutistische Königtum so wie das ab 1623 errichtete Versailles. Louis Le Vau (1612–1670), Jules Hardouin-Mansart (1646–1708) und der Gartenarchitekt André Le Nôtre (1613–1700) errichteten für Ludwig XIV. ein von prunkvollem Hofleben erfülltes einzigartiges Machtzentrum in deutlicher Distanz zur Hauptstadt Paris.

Petit Trianon, Versailles
(unten rechts)

Das 1771–1785 von Ange-Jacques Gabriel (1698–1782) errichtete Schlösschen im Park von Versailles gilt als wegweisend für den französischen Klassizismus und ist ein Musterbeispiel für den Louis-seize-Stil in der Architektur. Der äußerst edel gegliederte, würfelförmige Bau, bei dem sich Pilaster und Säulen abwechseln, lehnt sich mit seiner großen Ordnung stark an die Architektur Andrea Palladios an.

Basilika, Saint-Denis
(oben)

Hier, in der Grablege französischer Könige, beginnt die Gotik: Verantwortlich war Abt Suger (1081–1151), der ab 1137 die Zweiturmfassade und den Chor errichten ließ. Rationalität und Systematisierung durchströmen die Dreiergruppe der Portale mit Skulpturenschmuck und die axiale Fassadengestaltung. Im Chor werden die Wände zum Leuchten gebracht, und das Langhaus wird durch das verglaste Triforium zum Lichtraum.

Sacré-Cœur, Paris
(unten)

Die 1876–1919 errichtete Wallfahrtskirche ist das Meisterwerk von Paul Abadies d. J. (1812–1884). Der Zuckerbäcker-Bau steht am Ende der historisierenden Kirchenbaukunst, die schon bald von Konstruktionen aus Eisen und Stahl abgelöst wurde. Abadie wählte einen byzantinisierenden Stil mit einem Zug zum Fantastisch-Visionären. Auch das Innere mit der alles beherrschenden Kuppel überrascht durch Größe und Weiträumigkeit.

Métro, Paris
(oben)

Von den Eingängen zur Pariser Métro, die Hector Guimard (1867–1942) um 1900 geschaffen hat, haben sich nur wenige erhalten. Guimards Abkehr von historisierenden Formen galt zu ihrer Entstehungszeit als bahnbrechend. Die Eingänge sind prunkvollster Jugendstil, haben die Form von Pflanzen und passen sich mit ihrem gusseisernen Geäst perfekt an die sie umgebenden Chausseebäume an.

Arc de Triomphe, Paris
(unten)

Der von Jean-François Chalgrin (1739–1811) ab 1806 begonnene Bau ist mit fast 50 m Höhe der größte Triumphbogen der Welt. Aufgrund der gewaltigen Dimensionen musste auf die übliche Instrumentierung durch Säulen verzichtet werden. Die Bedeutung des Ehrenbogens wurde durch die Anlage des Straßensterns auf der Place Charles de Gaulle durch den Stadtplaner Georges-Eugène Hausmann (1809–1891) noch unterstrichen.

Saint-Louis-des-Invalides, Paris
(oben links)

Der Invalidendom ist das barocke Meisterwerk von Jules Hardouin-Mansart (1646–1708). Ihm gelang hier eine perfekte Synthese aus kraftvoll-dynamischem italienischem Formengut und ruhig-flächiger eleganter französischer Gestaltung. Ursprünglich als Grablege Ludwigs XIV. geplant, dient die Krypta des gewaltigen Kuppelraums heute Napoléon Bonaparte als letzte Ruhestätte.

Place de la Concorde, Paris
(oben rechts)

Er gilt als einer der schönsten Plätze der Welt und wurde zwischen 1755–1775 von Ange-Jacques Gabriel (1698–1782) angelegt. Während der Französischen Revolution allerdings stand hier eine Guillotine, durch die mehr als 1000 Personen den Tod fanden, unter ihnen Ludwig XVI., Marie Antoinette, Georges Danton und Maximilien de Robespierre. Seit 1833 schmückt ein 3200 Jahre alter Obelisk aus Luxor den Platz.

Louvre, Paris
(unten rechts)

Um 1190 begonnen, diente der Louvre bis 1793 als Königsresidenz. Fast jeder Herrscher baute um, erweiterte oder renovierte. Zu den berühmtesten Teilen gehört die Lescaut-Fassade (um 1546) sowie die von Claude Perrault (1613–1688) und Louis Le Vau (1612–1670) errichtete Ostfassade, die stilbildend für den französischen Klassizismus wurde. Heute beherbergt der Bau mit dem Musée du Louvre das größte Museum der Welt.

Eiffelturm, Paris
(rechte Seite)

Von seiner Errichtung 1889 anlässlich der Pariser Weltausstellung bis 1932 war er mit 300 m das höchste Gebäude der Welt. Der von Gustave Eiffel (1832–1923) errichtete Turm spiegelt den Fortschrittsglauben des 19. Jahrhunderts wider. Heute zählt er längst zu den bekanntesten Bauten der Welt und stellt den Höhe-, aber auch den Endpunkt des Eisenbaus dar. Der Siegeszug des Stahlbetons war nicht mehr aufzuhalten.

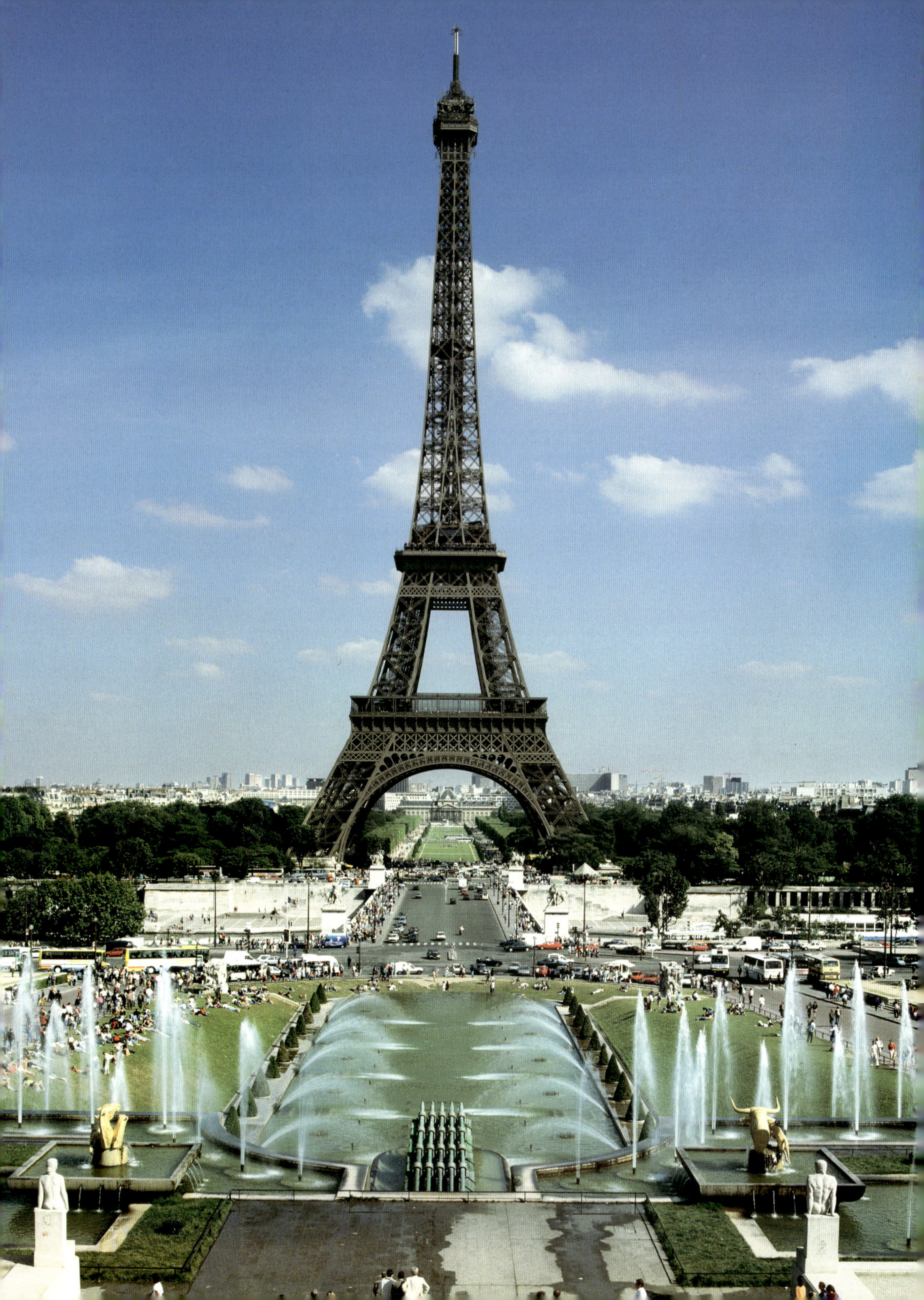

Notre-Dame, Paris
(oben)

In der von 1163–1320 errichteten Pariser Kathedrale – einer der eindrucksvollsten in ganz Frankreich – spiegeln sich gut 150 Jahre gotischer Stilentwicklung wider. Nie an der Spitze des Fortschritts, setzte man sich in Paris doch stets mit den aktuellsten Stilformen auseinander, übernahm diese begierig und fügte sie verändernd in das eigene Bauwerk ein.

Sainte-Chapelle, Paris
(unten)

Vielleicht lässt sich das 1243–1248 entstandene, überwältigende Bauwerk nur mit dem kostbaren Schatz, den es birgt, erklären. Die wie ein lichtdurchfluteter gotischer Glasschrein wirkende zweistöckige Kapelle bildet das faszinierende Gehäuse für die Dornenkrone Christi und Teile des „Wahren Kreuzes". Nur ein außerordentlicher Raum konnte diesen unvergleichlichen Besitz umrahmen.

Centre Pompidou, Paris
(rechte Seite unten)

Das 1972–1977 errichtete und anfangs heftig umstrittene staatliche Kunst- und Kulturzentrum wurde von den Architekten Richard Rogers (* 1933) und Renzo Piano (* 1937) erbaut. Entstanden ist eine kühne Stahlkonstruktion, bei der alle tragenden Teile und die Versorgungselemente nach außen verlegt wurden, um im Inneren eine maximale Flexibilität in der Raumgestaltung zu erlangen.

Schloss, Fontainebleau
(oben)
Das unter den französischen Königen François I. und Henri II. ab den 30er-Jahren des 15. Jahrhunderts ausgebaute Schloss liegt in einem großen Waldgebiet südlich von Paris und ist seit 1991 Weltkulturerbe. Die Innenausstattung wurde von Künstlern der sogenannten Schule von Fontainebleau wie Rosso Fiorentino (1494–1540) oder Primaticcio (1504–1570) ausgeführt, die den Manierismus nach Frankreich brachten.

Notre-Dame, Chartres
(oben)

Die nach 1194 begonnene Kathedrale von Chartres gehört zu den größten Leistungen in der Geschichte der Baukunst. Die Neuerungen in Architektur, Skulptur und Glasmalerei waren bahnbrechend. Hinzu kommt, dass nahezu die gesamte Ausstattung samt der farbigen Verglasung erhalten geblieben ist, wodurch ein fast unverfälschtes Bild von der Wirkung einer Kathedrale zu ihrer Erbauungszeit vermittelt wird.

Abbaye de Fontenay
(unten)

Fontenay bietet in seiner abgeschiedenen Tallage inmitten großer Wälder noch heute das Idealbild eines Zisterzienserklosters der Frühzeit. 1118/19 gegründet, widmete der heilige Bernhard von Clairvaux (um 1090–1153) persönlich dem Kloster besondere Fürsorge. Seit 1981 gehören die vorzüglich restaurierten Gebäude zum Weltkulturerbe und zählen zu den Attraktionen des Burgund-Tourismus.

Château de Chambord
(rechte Seite oben links)

Das ab 1519 für König François I. (1494–1547) erbaute Schloss ist das größte und prächtigste aller Loire-Schlösser und gehört seit 1991 zum Weltkulturerbe. Eigentlich eine Renaissanceanlage, sind die steilen Dächer mit den Kaminen, Erkern und Türmchen noch ganz der späten Gotik verpflichtet. Die doppelläufige Wendeltreppe im Mittelbau wurde möglicherweise von Leonardo da Vinci entworfen.

Sainte-Marie-Madeleine, Vézelay *(oben rechts)*

Mit dem neu einsetzenden Kult um die heilige Maria Magdalena, deren Gebeine im 9. Jahrhundert nach Burgund gebracht wurden, begann der kometenhafte Aufstieg Vézelays zu einem der meistbesuchten Pilgerorte Europas. 1096 wurde die neue Kirche begonnen, die mit ihren ruhigen, ausgewogenen Proportionen und dem weltberühmten Figurenportal zu den Höhepunkten der Romanik gehört.

Notre-Dame-du-Haut, Ronchamp *(unten)*

Die 1954/55 von Le Corbusier (1887–1965) erbaute Wallfahrtskirche gehört sicherlich zu den denkwürdigsten Kirchenbauten des 20. Jahrhunderts und gilt als einzigartige Architekturikone. Die an eine Arche erinnernde Kirche wirkt auf den ersten Blick weit entfernt von Le Corbusiers Rationalismus, passt sich durch ihre monumentale Symbolik aber dennoch nahtlos in sein Gesamtwerk ein.

Schloss, Chenonceaux
(oben)

Chenonceaux ist nach Versailles das meistbesuchte Schloss Frankreichs. Die ersten Bauteile (ab 1515) gehören zu den frühesten Renaissancebauten Frankreichs. Die charakteristische fünfbogige Brücke wurde bald durch die berühmte dreigeschossige Galerie bekrönt. Besonders bedeutend sind auch die Gärten, die im 16. Jahrhundert der Schauplatz für rauschende Feste waren.

Saint-Étienne, Bourges
(unten links)

Mit dem 1195 entstandenen Bau hätte die Architekturgeschichte eine andere Wendung nehmen können: Es setzten sich allerdings die Innovationen von Chartres durch, und Bourges spielte die Außenseiterrolle – wenn auch auf höchstem Niveau. Es gibt kein anderes Bauwerk, das das Ideal der Einheitlichkeit mit einem solch ungeheueren Hang zum Neuen und Ungewöhnlichen verbindet.

Klosterkirche, Cluny
(unten rechts)

Die Abtei entwickelte sich innerhalb von zwei Jahrhunderten zum einflussreichsten Monasterium des Abendlandes. Zum Ruhm des Klosters trug die ab 1095 errichtete dritte Kirche (Cluny III) bei, die mit Abstand größte Kirche der Welt. Alles an diesem Bau war extrem, so auch sein Ende: Nach der Aufhebung des Klosters 1790 wurde die Kirche bis auf wenige Reste abgerissen – einer der tragischsten Verluste der Kunstgeschichte.

Abbaye de Saint-Savin-sur-Gartempe, Saint-Savin *(oben)*

Mitte des 11. Jahrhunderts wurde der Gründungsbau der später für das Poitou typischen romanischen Hallenkirchen begonnen. Trotz der höchst qualitätsvollen Architektur gründet sich der Weltruhm Saint-Savins auf den im 12. Jahrhundert entstandenen Freskenzyklus, der der Kirche auch die Bezeichnung „Sixtinische Kapelle der Romanik" eingebracht hat.

Salinenstadt Chaux, Arc-et-Senans *(unten)*

Claude-Nicolas Ledoux (1736–1806) war einer der größten Theoretiker des Klassizismus. Das 1775–1779 entstandene Chaux ist sein bekanntestes Werk. Die kreisförmige Anlage, von der allerdings nur die eigentliche Saline verwirklicht wurde, zeigt deutlich Ledouxs aufklärerische Geisteshaltung. Der Gebäudekomplex sollte eine ideale Kombination von Arbeits- und Wohnstätte mit dem Haus des Direktors im Zentrum werden.

Sainte-Marie de La Tourette, Éveux *(unten links)*

Das prominenteste Beispiel für modernen Klosterbau ist sicherlich das hochberühmte Dominikanerkloster La Tourette bei Lyon, das Le Corbusier (1887–1965) ab 1956 erbaut hat. Bei der Konzeption des Bauwerks wurde der Architekt stark vom Zisterzienserkloster Le Thoronet beeinflusst. Die gezielt platzierten Lichtquellen erzeugen in dem komplett aus Beton errichteten Gebäude ein einmalig meditatives Raumgefühl.

Gare de Saint-Exupéry TGV, Lyon *(rechte Seite unten)*

Der 1989–1994 erbaute TGV-Bahnhof des Flughafens von Lyon ist eines der bekanntesten Werke des spanischen Architekten Santiago Calatrava (* 1951). Er bildet eine fantastische, fast märchenhafte Skulptur, die an den Korpus eines gigantischen Vogels mit ausgebreiteten Schwingen oder an die Konturen eines Stachelrochens erinnert. Der Architekt selbst interpretiert seinen Bau allerdings als Auge.

Palais des Papes, Avignon *(rechte Seite oben)*

1309 stieg Avignon mit der Übersiedelung der Päpste schlagartig zur Metropole auf. Ab 1334 wurde der heutige Palast errichtet und diente bis 1376 als päpstliche Residenz. Der gesamte Papstpalast mit seinem verschachtelten Aufbau und der ehemals hochbedeutenden Ausstattung wurde 1995 zusammen mit dem umliegenden historischen Ensemble aus Altstadt und der berühmten Brücke zum Weltkulturerbe ernannt.

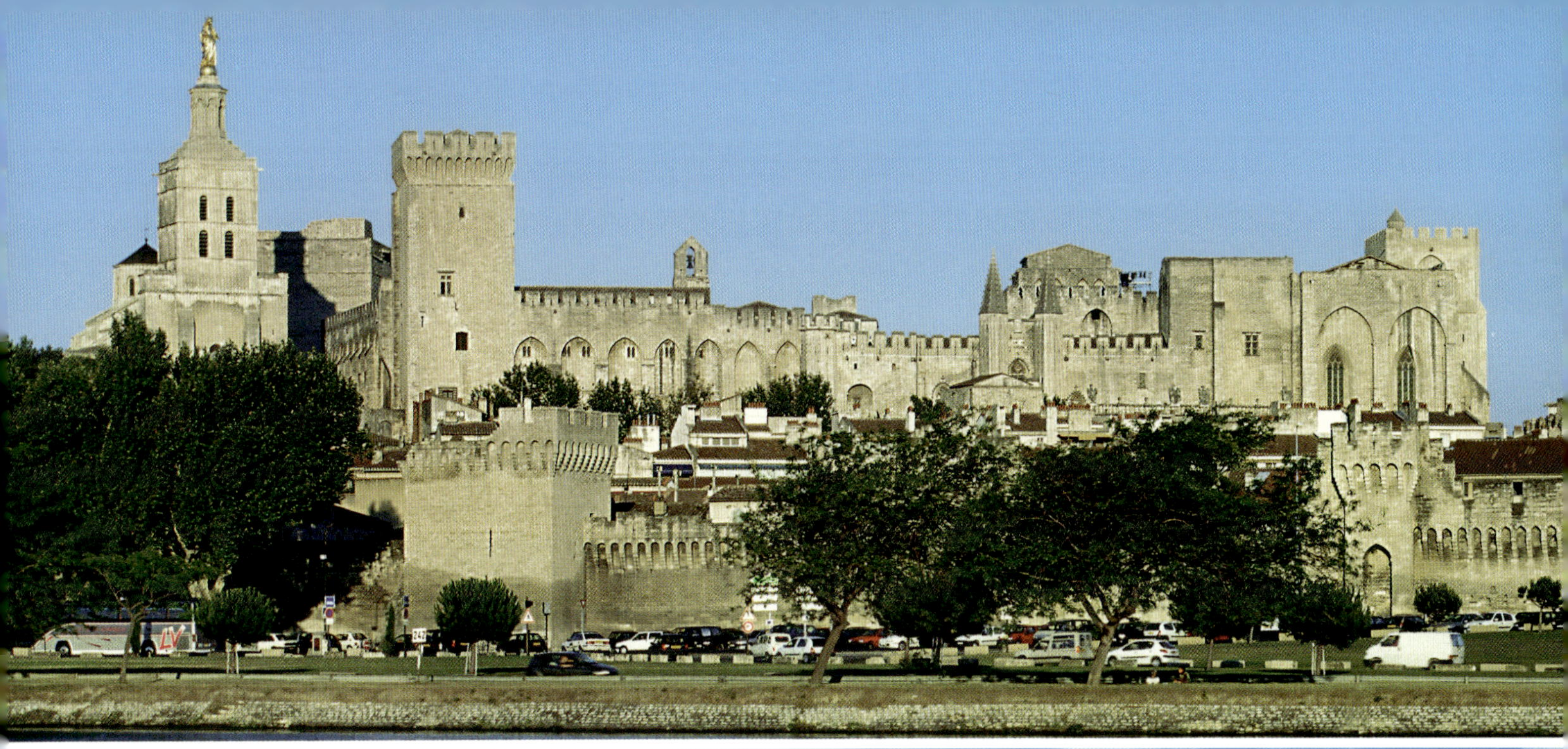

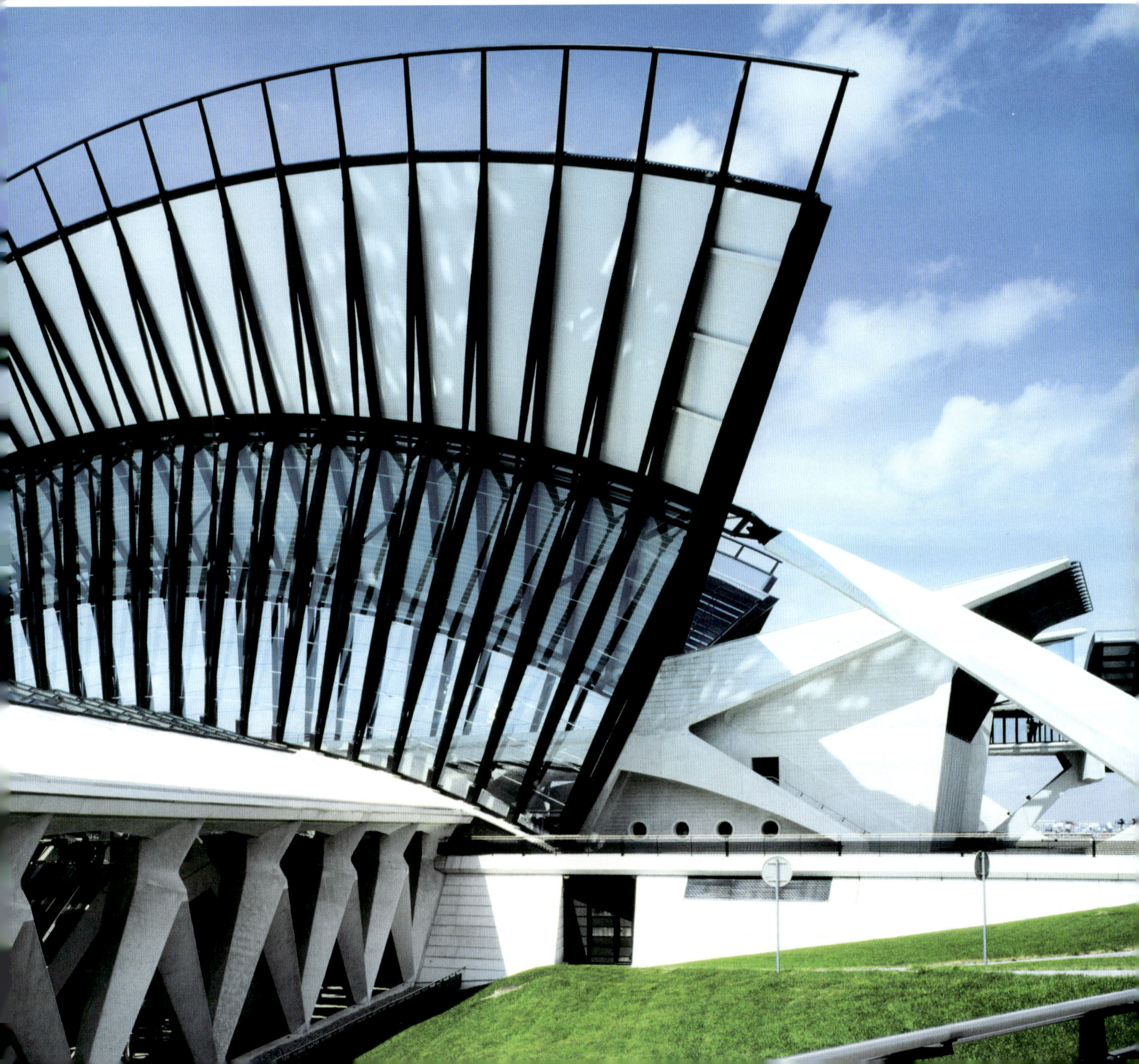

Amphitheater und Stadtgründungsbogen, Orange *(oben)*

Orange war ein wichtiges römisches Zentrum in Frankreich. Von den Bauten aus dieser Zeit sind die unmittelbar vor oder während der Herrschaft des Augustus (63 v. Chr. – 14 n. Chr.) entstandenen Stadtgründungsbogen und das Theater herausragend. Beide Bauwerke wurden 1981 in die Liste des Weltkulturerbes aufgenommen und sind vorzüglich erhalten. Besonders das Amphitheater gehört zu den eindrucksvollsten der Welt.

Palais Idéal, Hauterives *(Mitte)*

In 33 Jahren (1879–1912) schuf der französische Landbriefträger Ferdinand Chevral (1836–1924) einen völlig singulären, bizarren Palast, der irgendwo zwischen Grottenarchitektur, Sala terrena und gigantischer Schrebergartenbastelei anzusiedeln ist. Anfangs sehr umstritten, ist der unbewohnbare Bau mittlerweile zur großen Touristenattraktion der Region geworden.

Notre-Dame de Sénanque *(unten)*

Allein durch seine wildromantische Lage inmitten von Lavendelfeldern ist die 1148 gegründete Zisterzienserabtei Sénanque ein wahrer Touristenmagnet. Die gesamte Anlage besticht durch ihre kahlflächige Strenge und verkörpert die Kultur der Zisterzienser in Reinform. Der mauerschwere Kreuzgang mit seinen eindrucksvollen Arkaden ist ein Meisterwerk romanischer Architektur.

Festungsstadt, Carcassonne *(rechte Seite unten)*

Die im 19. Jahrhundert von Eugène Viollet-le-Duc (1814–1879) restaurierte Altstadt zählt seit 1997 zum Weltkulturerbe und ist ein großes Touristenziel. Die am besten erhaltene Festungsstätte Europas wurde im 1. Jahrhundert v. Chr. von den Römern gegründet und im 13. Jahrhundert ausgebaut. Zu dieser Zeit entstand auch der äußere Mauerring mit seinen glatten Quadern.

Pont du Gard
(oben)

Der Pont du Gard ist eines der wichtigsten römischen Brückenbauwerke der Welt. Das seit 1985 zum Weltkulturerbe zählende Aquädukt wurde 19 v. Chr. von Marcus Vipsanius Agrippa (um 63 – 12 v. Chr.) errichtet. Es ist 50 m hoch und 270 m lang, und auf den oberen Bögen verlief die insgesamt 50 km lange Überlandleitung, die Nîmes täglich mit 30 000 m³ Quellwasser versorgte.

Deutschland

Holstentor, Lübeck
(unten)

Das weltberühmte Holstentor gehört zu den Überresten der Lübecker Stadtbefestigung. Der spätgotische Bau (1464–1478) war gleichzeitig Befestigungs- und Repräsentationsbau. Die Anlage mit den enorm dicken Ecktürmen und dem Zwischentrakt mit Durchfahrtsbogen zeigt auf der Stadtseite eine künstlerisch wesentlich stärkere Durchgestaltung als auf der zur Verteidigung dienenden Seite.

Chilehaus, Hamburg
(oben)

Das von Fritz Höger (1877–1949) 1922/23 errichtete gewaltige Kontorhaus mit seiner mächtigen Gebäudekante, die an den Bug eines Ozeandampfers erinnert, zählt zu den Meisterwerken des deutschen Expressionismus. Es zitiert in den Einzelformen die norddeutsche Backsteingotik in fast schon endloser Reihung, wie z. B. in den genau 2800 identischen Fenstern.

Dockland, Hamburg
(oben)

2002–2005 entstand Hamburgs ungewöhnlichstes Bürohaus, das wie der Bug eines Schiffes 40 m weit nach Westen übers Wasser hinausragt. Errichtet wurde der spektakuläre Bau vom Architekturbüro Bothe Richter Teherani. Die sechs Stockwerke erreicht man über zwei vollverglaste Schrägaufzüge. Zur öffentlichen Aussichtsplattform führen zwei große Treppen mit jeweils 140 Stufen.

Altes Museum, Berlin
(unten)

Das 1825–1828 von Karl Friedrich Schinkel (1781–1841) erbaute Museum zählt zu den wichtigsten Bauten das Klassizismus und ist eines der Hauptwerke Schinkels. Höhepunkte sind die zentrale doppelgeschossige Rotunde – ein Rückbezug auf das römische Pantheon –, die Galerie aus 18 ionischen Säulen und die offene Treppenhalle, von der aus man einst das Stadtschloss bewundern konnte.

Fernsehturm, Berlin
(links)

Mit 368 m ragt der Berliner Fernsehturm als höchstes Gebäude Deutschlands auf dem Alexanderplatz empor. Er wurde 1965–1969 von der damaligen DDR-Regierung errichtet. In der Kugel befinden sich Aussichtsetage und Turmrestaurant. Am Fuß des Turmes, der jährlich eine Million Besucher anzieht, befindet sich ein Pavillon mit charakteristischer spitzgiebeliger Dachkonstruktion.

Bundeskanzleramt, Berlin
(linke Seite Mitte)

„Elefantenklo", „Kohlosseum" oder „Kanzlerwaschmaschine" sind heute die Spitznamen des 1995–2001 von Axel Schultes (* 1943) und Charlotte Frank (* 1959) errichteten Kanzleramts. Das mit vielen postmodernen Stilelementen ausgestattete Gebäude zählt zu den größten Regierungsbauten der Welt und bietet von verschiedensten Standpunkten aus immer wieder neue und fantastische Ansichten.

Jüdisches Museum, Berlin
(linke Seite unten)

Das Museum besteht aus einem barocken Altbau und einem von Daniel Libeskind (* 1946) errichteten spektakulären, dekonstruktivistischen Neubau mit schiefen Böden, der 2001 eröffnet wurde und sofort zum Publikumsmagneten avancierte. Der zickzackförmige Grundriss soll an einen geborstenen Davidstern erinnern. Die Titan-Zink-Verkleidung wird durch die verwinkelten Fenster regelrecht aufgeschlitzt.

Reichstagskuppel, Berlin
(unten)

Norman Fosters (* 1935) 1989 fertiggestellte Kuppel über dem Berliner Reichstag wurde schnell zur Touristenattraktion: Die Aussichtsplattform der Kuppel lässt sich über zwei spiralförmige Rampen erklimmen. Im Inneren der Glaskonstruktion befindet sich ein trichterförmiger Konus mit Spiegeln, der das Licht in den unter der Kuppel liegenden Plenarsaal führt und die verbrauchte Luft absaugt.

Brandenburger Tor, Berlin
(oben)

Mit dem 1789–1791 errichteten Monument schuf Carl Gotthard Langhans (1732–1808) nicht nur den Gründungsbau des deutschen Klassizismus, sondern auch das Wahrzeichen Berlins und ein nationales Symbol Deutschlands. Das Tor lehnt sich an griechische Vorbilder an und begründete den Ruf Berlins als „Spree-Athen". Die das Tor bekrönende Quadriga wurde von Johann Gottfried Schadow (1764–1850) entworfen.

Schloss Sanssouci, Potsdam
(rechte Seite oben links)

Die Baugeschichte des von Georg Wenzeslaus von Knobelsdorff (1699–1753) ab 1745 erbauten Schlosses war geprägt durch den ständigen Konflikt zwischen dem Baumeister und dem Auftraggeber, König Friedrich dem Großen. Über einer Weinbergterrasse thront heute das unvergleichliche, in die Natur eingebettete, intim und zurückhaltend gestaltete Gartenlusthaus, das Friedrich so geliebt hat.

Einsteinturm, Potsdam
(rechte Seite rechts)

Das 1919–1922 entstandene Observatorium, in dem die Relativitätstheorie Albert Einsteins experimentell bestätigt werden sollte, ist ein revolutionärer Bau von Erich Mendelsohn (1887–1953). Der u-bootartige, wie aus einer knetbaren Masse geformte Bau, der sofort als Inbegriff expressionistischer Architektur angesehen wurde, gilt heute als Ikone der modernen Architektur und als eines der Wahrzeichen Potsdams.

EUROPA – Deutschland | 55

St. Michael, Hildesheim
(unten links)

Die ehemalige Klosterkirche von Bernward von Hildesheim (um 960–1022) prägt die Bauweise der ottonischen Zeit im Mittelalter. Zwei Chöre, zwei Querhäuser, ausgeschiedene Vierungen und das quadratische Grundrissschema sind nur die wichtigsten Neuerungen. Die berühmte Bronzetür und die Bronzesäule befinden sich heute im Dom, während die singuläre Holzdecke noch vor Ort zu besichtigen ist.

Damenstift, Quedlinburg
(oben rechts)

Quedlinburg war das vornehmste adelige Damenkloster des Mittelalters und zudem gleichsam Residenz der Ottonen. Diesen königlichen Anspruch verdeutlicht die 1129 geweihte Kirche St. Servatius aufs Schönste. Die weite Halle des Mittelschiffs erinnert an einen königlichen Thronsaal. Überall verspürt man Würde und vornehme Sicherheit, die es nicht nötig hat, durch Größe zu imponieren.

Fagus-Werk, Alfeld *(oben links)*

Die vom damals 28-jährigen Walter Gropius (1883–1969) in den Jahren 1911–1914 erbaute Schuhleistenfabrik kam einer Revolution in der Industriearchitektur gleich: Die stützenden Elemente wurden ins Innere verbannt, Glasvorhänge (Curtain Walls) bilden die Fassade. Sensationell waren zudem die verglasten Gebäudekanten, die ebenfalls keine Stützen erkennen lassen. Die Curtain-Wall-Bauweise wurde bald weltweit kopiert.

EUROPA – Deutschland | 57

Wallfahrtskirche Maria, Königin des Friedens, Neviges *(oben)*

Die in einem Ortsteil von Velbert liegende, 1963–1968 errichtete Kirche zählt zu den Hauptwerken Gottfried Böhms (*1920). Expressionistisch anmutend, soll die Kirche als großes Zelt verstanden werden und ist damit die Umsetzung der Forderungen des Zweiten Vatikanischen Konzils nach künstlerischer Freiheit im Sakralbau und ein Meisterstück modernen Kirchenbaus.

Kloster Corvey, Höxter
(unten)

Corvey gehört zu den wichtigsten Klöstern der Frühzeit des Heiligen Römischen Reiches. Weltberühmt ist die Abtei wegen des einzigen erhaltenen Teils der karolingischen Kirche: dem Westwerk. Dieses war eine reine Herrschaftsarchitektur – außen trutzig, innen vornehm –, in dem der Thron des Kaisers stand, der also immer anwesend war, auch wenn er „in persona" woanders weilte.

Bauhaus, Dessau
(linke Seite unten)

Die 1919 in Weimar gegründete Bauhausschule war die einflussreichste Bildungsstätte für Architektur und Gestaltung im 20. Jahrhundert. Die von ihrem Gründer Walter Gropius (1883–1969), nach dem Umzug nach Dessau in den Jahren 1924/25 errichteten Gebäude genießen Weltruhm. Besonders das Werkstattgebäude mit der berühmten Vorhangfassade ist eine der Ikonen der Architektur des 20. Jahrhunderts.

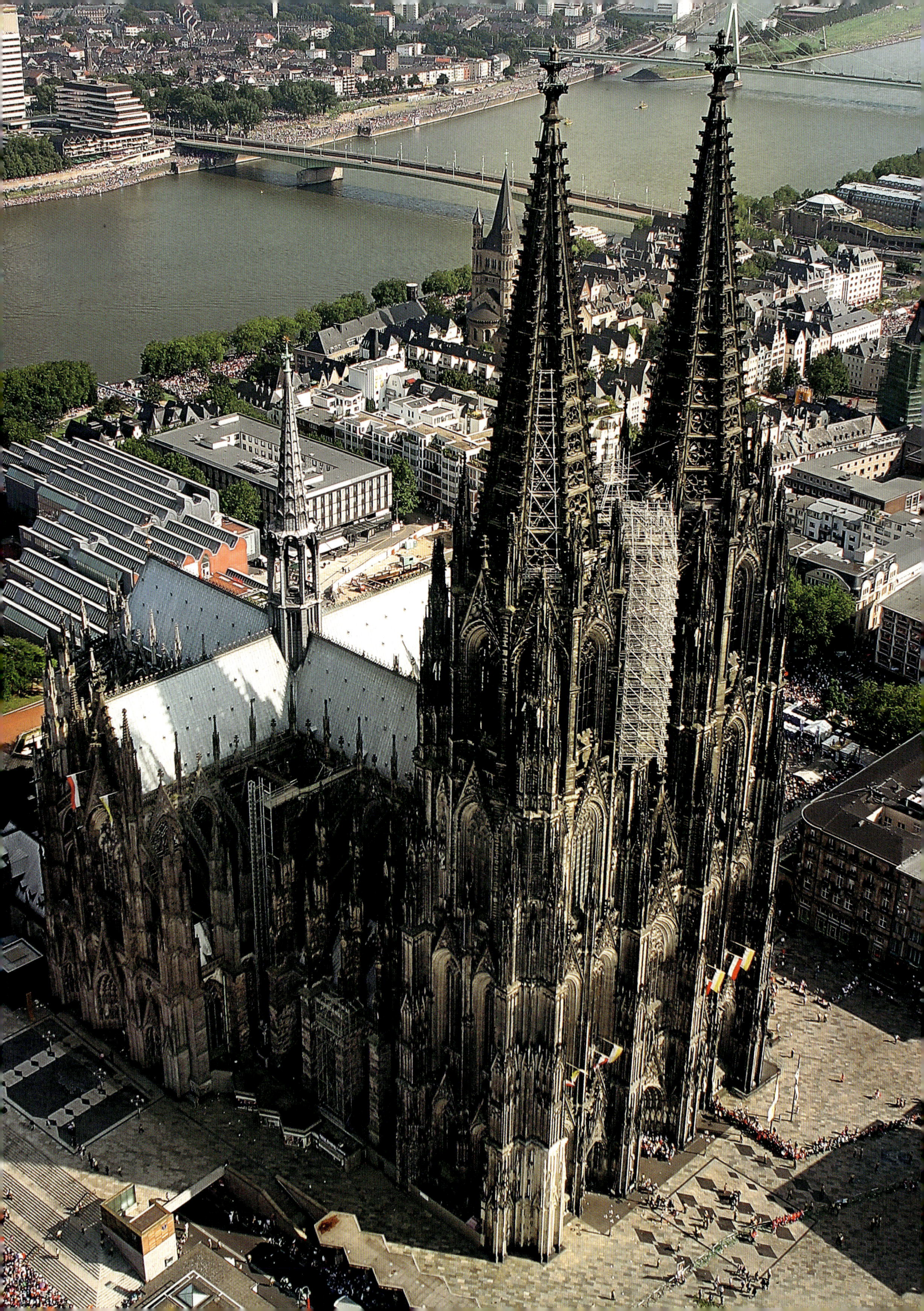

St. Peter und Maria, Köln
(linke Seite)

Der Kölner Dom gilt als Höhepunkt französischer Kathedralgotik in Deutschland und ist heute zu einem nationalen Denkmal geworden. 1248 begonnen, bildet er den würdigen Rahmen für die Reliquien der Heiligen Drei Könige. Die 1560 eingestellten Arbeiten wurden erst 1842 wieder aufgenommen und 1880 mit der gewaltigen Westfassade zu einem grandiosen Abschluss gebracht.

St. Maria im Kapitol, Köln
(oben links)

Über einem römischen Tempel wurde das Gotteshaus im 11. Jahrhundert erbaut. Die Ostanlage mit ihrem Umgang ist die erste abendländische Dreikonchenanlage, erbaut nach dem Vorbild der Geburtskirche Christi in Bethlehem. Die um 1065 datierbaren Holztüren, die das Leben Christi zeigen und sich heute im Inneren befinden, sind ein eindruckvolles Beispiel romanischer Reliefkunst.

Städtisches Museum Abteiberg, Mönchengladbach *(oben rechts)*

Das von Hans Hollein (* 1934) 1975–1982 errichtete Museum steht am Anfang eines regelrechten Museumsbooms, der bis heute anhält. Hollein realisierte hier erstmals seine Vision von einer begrabenen und begehbaren Architektur. Die Komposition von ungleichen Baukörpern ist von oben aus zu erschließen, da diese größtenteils in den Abteiberg eingegraben sind.

Kaiserdom, Aachen
(unten)

Weltbekannt ist das karolingische Oktogon mit sechzehnseitigem Umgang, das Odo von Metz 790–800 für Karl den Großen nach dem Vorbild von San Vitale in Ravenna errichtete. Der gotische Chor wurde im 14. Jahrhundert begonnen. Aachen diente bis 1531 als Krönungskirche und erlebte 32 Inthronisationen. Der Aachener Dom wurde 1987 als erstes deutsches Gebäude Weltkulturerbe.

Stadtschloss, Weimar
(oben)

Das Stadtschloss ist ein Teil des Weltkulturerbes „Klassisches Weimar" und blickt auf eine 1000-jährige Geschichte zurück. Seine heutige Gestalt erhielt der Bau 1789–1803. Die im französischen Stil errichtete Dreiflügelanlage gehört zu den wichtigsten Bauten des Frühklassizismus. Kein Geringerer als Johann Wolfgang von Goethe überwachte die Bauarbeiten am Schloss.

Schloss Augustusburg, Brühl
(links)

Kurfürst Clemens August I. von Bayern ließ ab 1715 das Schloss von Johann Conrad Schlaun (1695–1773) neu erbauen. Für den viel zu kleinen Raum des Treppenhauses gelang Balthasar Neumann (1687–1753) ein genialer Entwurf: Nach dem Zwischenpodest teilte er die Treppe in zwei Läufe auf und konnte damit alle Probleme lösen. Die exzellente Dekoration zeigt eines der großen Meisterwerke barocker Raumkunst.

Großmarkthalle, Leipzig
(oben)

Die am sogenannten „Kohlrabizirkus" ausgeführten Schalengewölbe läuteten eine neue Ära in der Stahlbetonbauweise ein. Mit dieser modernen Technik war es möglich, riesige Spannweiten zu überwölben. Die beiden ab 1927 von Franz Dischinger (1887–1953) errichteten Kuppeln überspannen je 75 m bei einer Schalendicke von nur 9 cm. Bis 1965 waren die Kuppeln die größten der Welt.

Wartburg, Eisenach
(Mitte)

Die Wartburg wurde 1067 gegründet, 1838–1890 im romantischen Stil wieder aufgebaut und gehört seit 1999 zum Weltkulturerbe. Berühmt wurde die Burg hauptsächlich durch Martin Luther, der hier das Neue Testament in nur elf Wochen ins Deutsche übersetzte. Aber auch das 1817 hier gefeierte Wartburgfest trug dazu bei, dass die Wartburg ein nationales Denkmal Deutschlands wurde.

Wilhelmshöhe, Kassel
(unten)

Der ab 1696 entstandene größte Bergpark Europas gehört zum Grandiosesten, was der Barock an Verbindung von Landschaft und Architektur geschaffen hat. Die Wasserspiele, der Herkules, die Löwenburg und Schloss Wilhelmshöhe genießen heute allesamt Weltruhm. Zentrum der Anlage ist der barocke Karlsberg, der von Giovanni Francesco Guerniero (um 1665–1745) gestaltet wurde.

Semperoper, Dresden *(oben)*

Eigentlich gab es drei Semperopern: den ersten, schon 1869 abgebrannten Bau von Gottfried Semper (1803–1879), den Folgebau von 1871–1878 und den Wiederaufbau nach dem Zweiten Weltkrieg. Revolutionär am ersten Gebäude waren die am Außenbau ablesbare Innenaufteilung und die Ausgestaltung des Foyers zu einem repräsentativen Raum. Heute steht die Oper als prächtiger Neorenaissancebau vor uns.

Ufa-Kristallpalast, Dresden *(unten)*

Der dekonstruktivistische Kinobau in der Prager Straße wurde 1993–1998 vom Wiener Architektenteam Coop Himmelb(l)au errichtet. Der Palast besteht aus dem eigentlichen Kino mit acht Kinosälen auf fünf Etagen und einem futuristischen Glaskörper, dem Kristall, in dem sich das Foyer befindet. Dieses ist als urbaner Innenraum mit Rampen, Treppen und Brücken gestaltet, der besonders im Dunkeln seine Wirkung entfaltet.

Frauenkirche, Dresden *(oben)*

Die von George Bähr (1666–1738) in den Jahren 1726–1739 erbaute Kirche gehört zu den bedeutendsten protestantischen Sakralbauten, besitzt eine der größten steinernen Kuppeln nördlich der Alpen und ist nach dem Straßburger Münster der größte Sandsteinbau der Welt. Die Kirche wurde 1945 vollständig zerstört, seit 1994 rekonstruiert und am 30.10.2005 als weltweites Symbol des Friedens neu geweiht.

Zwinger, Dresden
(unten)

Der Dresdner Zwinger (1711–1728) entstand aus der idealen Zusammenarbeit des Architekten Matthäus Daniel Pöppelmann (1662–1736) und des Barockbildhauers Balthasar Permoser (1651–1732). Die bekanntesten Teile sind der reich verzierte Wallpavillon und das berühmte Kronentor. Der große Innenhof wurde als Veranstaltungsort für Turniere und andere Feste des sächsischen Hofes genutzt.

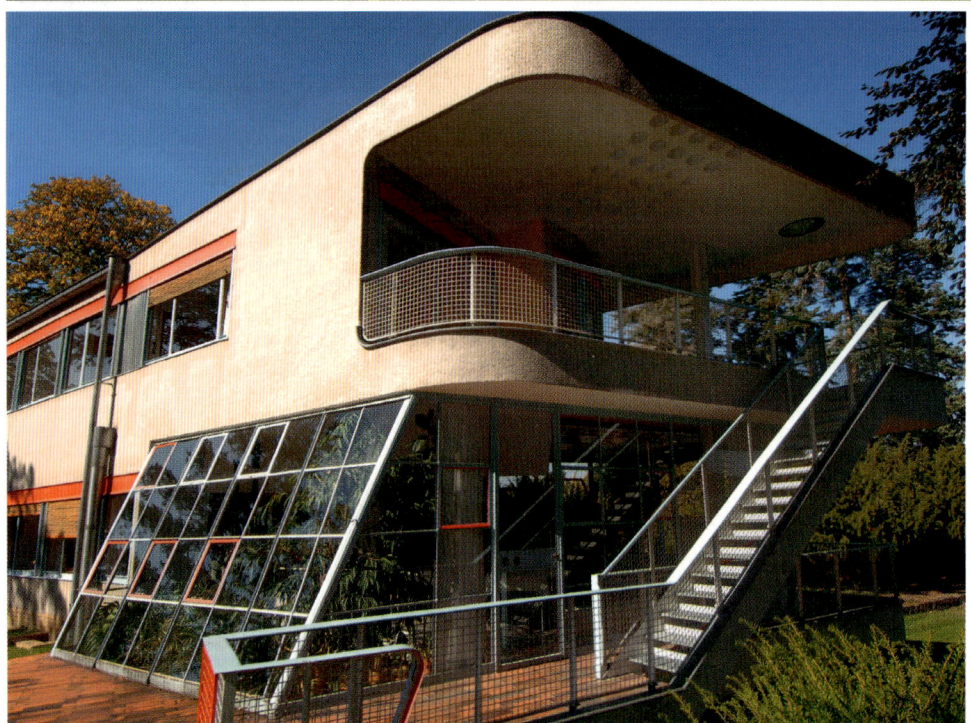

Abtei Maria Laach, Mendig
(oben)
Die gleich nach 1093 begonnene Abteikirche ist der Inbegriff formvollendeter Romanik. Während der Innenraum einen eher asketisch strengen Eindruck vermittelt, führt der Außenbau die Macht der Abtei deutlich vor Augen. Die Gesamterscheinung mit den sechs Türmen erreicht ein solch vollendetes Ebenmaß der Verhältnisse, dass man ihn nur als „klassisch" bezeichnen kann.

Haus Schminke, Löbau *(unten)*
1930 beauftragte der Löbauer Teigwarenfabrikant Fritz Schminke seinen Freund Hans Scharoun (1893–1972) mit dem Bau eines Wohnhauses. Scharoun errichtete bis 1933 sein Hauptwerk im Bereich des privaten Wohnbaus und schuf einen Villenbau, der für damalige Verhältnisse als revolutionär angesehen wurde und bis heute als Meilenstein der modernen Architektur gilt.

EUROPA – Deutschland | 65

Porta Nigra, Trier
(oben)

Das ehemalige römische Stadttor (um 180 n. Chr.) gehört seit 1986 zum Weltkulturerbe. Seinen Namen („schwarzes Tor") erhielt die exzellent erhaltene, stattliche Anlage allerdings erst im Mittelalter. Aus dieser Zeit stammen auch die vielen auffälligen Löcher: Die die Quader verbindenden Eisenklammern wurden herausgemeißelt, um das wertvolle Material zur Wiederverwendung einzuschmelzen.

St. Peter, Trier
(unten)

Der auf einen spätantiken Ursprungsbau zurückgehende, ab 1030 erweiterte Trierer Dom ist die älteste deutsche Bischofskirche und zählt seit 1986 zum Weltkulturerbe. Der mehrteilige Westabschluss mit seiner weit vorgewölbten Apsis und den seitlichen Galerien ist ein Hauptwerk frühsalischer Architektur und ein Denkmal trutziger, monumentaler Mächtigkeit.

St. Martin, Mainz
(oben)

Das Mainzer Erzbistum war im Mittelalter das bedeutendste in Deutschland. Der zu den drei Kaiserdomen zählende Bau wurde als Pfeilerbasilika im gebundenen System angelegt. Künstlerische Höhepunkte sind die 1239 geweihten Ostteile mit ihrem Formenreichtum sowie die Skulpturen des Naumburger Meisters, die zum Besten gehören, was die Kathedralskulptur hervorgebracht hat.

Kloster Eberbach, Eltville
(unten)

Die nach 1136 erbaute Abtei ist eines der besterhaltenen Zisterzienserklöster Deutschlands und sie zeigt beispielhaft, dass sich auch mit Schlichtheit eine vollendete Schönheit erreichen lässt. Der Kapitelsaal und vor allem das imposante Mönchsdormitorium gehören zu den eindrucksvollsten Zeugen des mittelalterlichen Europa. Das Laiendormitorium ist Deutschlands größter nichtsakraler Raum der Romanik.

Messeturm, Frankfurt
(links)

Bevor er vom Commerzbank-Tower übertrumpft wurde, war der 1988 von Helmut Jahn (* 1940) erbaute „Bleistift" mit 257 m das höchste Gebäude Europas. Frankfurts Wahrzeichen und das einzige Haus Deutschlands mit eigener Postleitzahl ist er aber bis heute geblieben. Jahn orientierte sich an Art-Déco-Wolkenkratzern der 1930er-Jahre und an der Bank of America Plaza in Atlanta.

St. Peter, Worms
(unten)

In Worms begann die Spätromanik bereits um 1220/25, und diese sehr frühe Datierung gleicht einer kleinen Sensation. Typisch für die Wormser Architektur ist das körperlich Plastische, das das Blockhafte der früheren Baukunst ablöste. Thema des Baus, der seit dem 12. Jahrhundert fast unverändert bis heute besteht, ist die lebendige Vielfalt der Formensprache.

Zisterzienserabtei, Maulbronn
(oben)

Von allen Zisterzienserklöstern Deutschlands ist Maulbronn das am besten erhaltene. Zudem haben alle Bauteile eine so hohe künstlerische Qualität, dass die Abtei als Inbegriff des mittelalterlichen Klosters gelten kann. 1147 gegründet, entstanden solch einmalige Elemente wie das reich ausgestaltete Brunnenhaus oder das Herrenrefektorium – ein wahrhaft königlicher Raum.

Eremitage, Bayreuth
(unten links)

Die kurfürstliche Eremitage (1749–1753) mit ihren Ruinen, Grotten und Brunnen zählt zu den schönsten Rokokogärten in Deutschland. Zentrum ist das neue Schloss mit dem oktogonalen Sonnentempel. Die fantastische Wirkung dieser illusionistischen Architektur wird durch die Verkleidung mit farbigen Kieseln und Goldfluss sowie die reiche Vergoldung noch unterstrichen.

Kaiser- und Mariendom, Speyer
(unten rechts)

Der größte der drei Kaiserdome war Prestigebau und Grabstätte der salischen Kaiser und zudem die größte Kirche seiner Zeit. Kurz nach seinem Gang nach Canossa (1077) ließ Heinrich IV. (1050–1106) das 1061 geweihte „Speyer I" umbauen und demonstrierte damit eindrucksvoll, dass ein Kaisertum, das einen solchen grandiosen Bau errichten kann, keineswegs vor dem Ruin stehen konnte.

Residenz, Würzburg
(rechte Seite)

Die seit 1719 erbaute Würzburger Residenz ist seit 1981 Weltkulturerbe, zählt zu den bedeutendsten Barockschlössern und ist das profane Meisterwerk Balthasar Neumanns (1687–1753). Sie beherbergt solch berühmte Räume wie den Kaisersaal, das Vestibül, die Schlosskapelle sowie das Treppenhaus-Wunderwerk mit dem größten Fresko der Welt von Giovanni Battista Tiepolo (1696–1770).

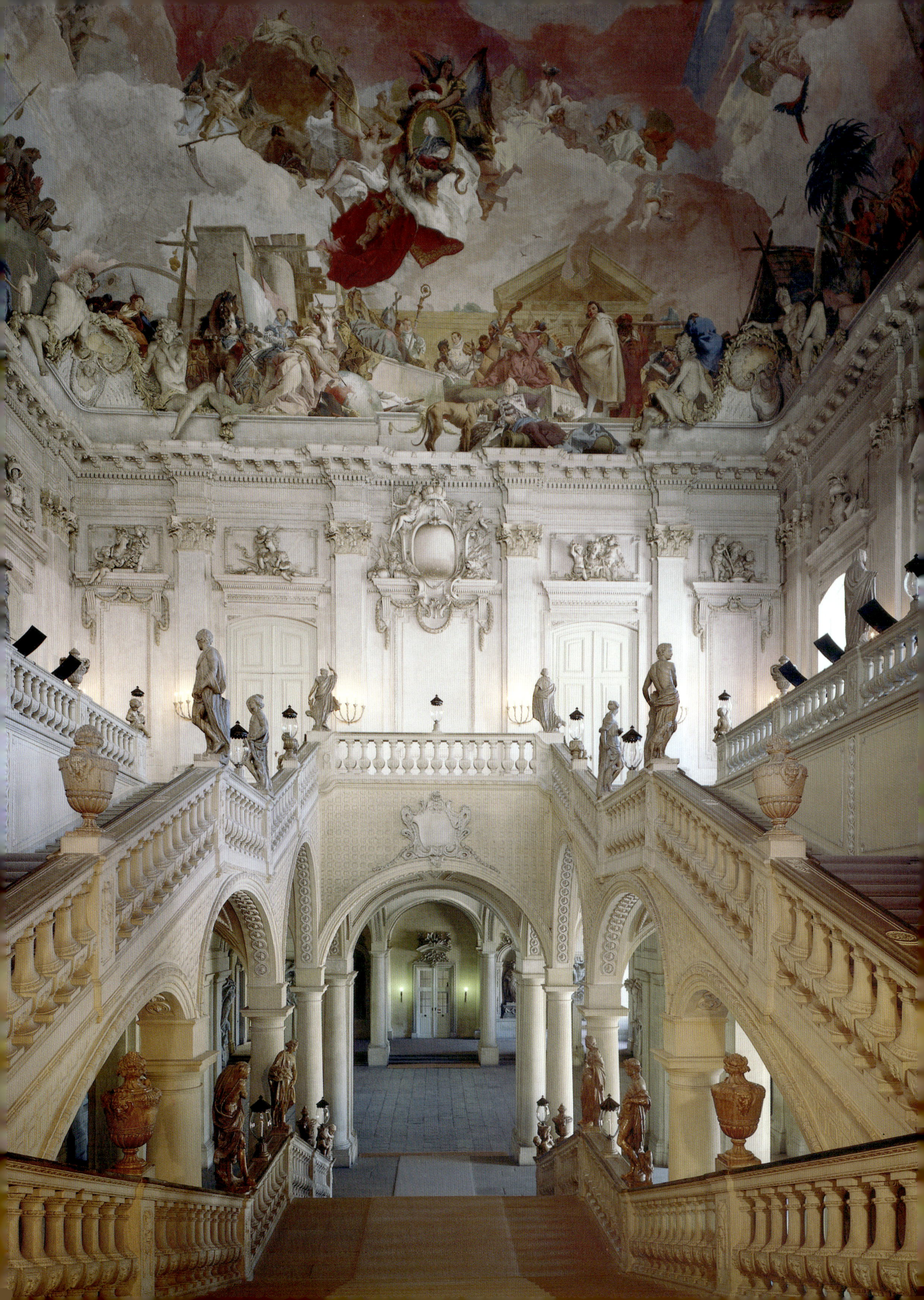

Kloster Weltenburg, Kelheim
(oben)

Weltenburg gilt als älteste Abtei Bayerns. Nach 1713 wurden die Konventbauten und die überaus prächtige Kirche errichtet. Der Auftrag ging an Cosmas Damian Asam (1686–1739), der seinen Bruder Egid Quirin (1692–1750) zur Unterstützung hinzuzog. In Weltenburg haben die Asams die hochpathetische Barockkunst Roms nach Bayern gebracht, diese aber mit einem sympathischen, augenzwinkernden Humor belebt.

Steinerne Brücke, Regensburg
(unten)

Die von 1135–1146 erbaute Brücke ist ein Wahrzeichen Regensburgs und ein Meisterwerk mittelalterlicher Architektur. Sie diente zudem als Vorbild für unzählige Nachfolgebauten. Die Errichtung einer ursprünglich 336 m langen Steinbrücke galt in einer Zeit, in der ausschließlich Holzbrücken errichtet wurden, als technische Meisterleistung. Mehr als 800 Jahre lang bildete sie den einzigen Donauübergang der Stadt.

Benediktinerabtei St. Michael, Metten *(oben)*

Das Glanzstück des 766 gegründeten Klosters ist die 1722–1724 dekorierte, einmalige Bibliothek. Das Werk des Malers Innozenz Warathy (um 1690–1758) und des Stuckateurs Franz Josef Holzinger (1691–1775) besteht aus drei miteinander verbundenen Räumen. Weiße Reliefs auf schwarzem Grund, überbordende Fresken und die das Gewölbe tragenden Atlantenpaare machen diesen Raum zu einem unvergesslichen Ort.

Walhalla, Donaustauf
(unten)

Die Walhalla („Totenhalle") wurde vom bayerischen König Ludwig I. in Auftrag gegeben und von Leo von Klenze (1784–1864) zwischen 1830 und 1842 erbaut. Der Ehrentempel für deutsche Geistesgrößen wurde außen als dorischer Peripteros in enger Anlehnung an den Parthenon in Athen errichtet. Im Inneren präsentiert sich der Bau dann allerdings als durchaus moderne Wandpfeilerhalle mit Oberlichtern.

Münster, Ulm
(rechte Seite oben)

Die ursprünglich als Halle geplante Kirche wurde nach einem Planwechsel ab 1392 im basilikalen Schema errichtet. Das 42 m hohe Mittelschiff ist eines der gewaltigsten Europas. Der verantwortliche Baumeister, Ulrich Ensinger (um 1350–1419), plante auch den im 19. Jahrhundert vollendeten Turm, der mit über 161 m bis heute der höchste Kirchturm der Welt ist.

BMW Welt, München
(unten)

2003–2007 wurde vom Wiener Architektenduo Coop Himmelb(l)au die spektakuläre BMW Welt errichtet. Verschiedenste Bauteile wurden um die zentrale Ausstellungsplattform gruppiert. Der Fahrzeugauslieferungsbau besticht durch eine extreme Dynamik; jeder Baukörper ist schräg gestellt oder in sich gedreht. Höhepunkt ist der 30 m hohe Doppelkegel, der sich wie ein Tornadowirbel nach oben schraubt.

Olympiapark, München
(rechte Seite unten links)

Der für die Olympischen Spiele 1972 angelegte Park ist ein weltweit einmaliges Ensemble, das von der Architektengemeinschaft Behnisch & Partner geschaffen wurde. Hauptattraktion ist die sensationelle Zeltdachkonstruktion, die mit einer Fläche von etwa 75 000 qm Schwimmhalle, Olympiahalle und Stadion überspannt und bis heute nichts von ihrem ursprünglichen Reiz eingebüßt hat.

EUROPA – Deutschland | 73

Schloss Nymphenburg, München *(Mitte)*

Die 1664 begonnenen Arbeiten am Nymphenburger Schloss zogen sich bis ins 19. Jahrhundert hin. So große Namen wie Agostino Barelli (1627–1687), Giovanni Viscardi (1645–1713) und Joseph Effner (1687–1745) waren an der Planung der Anlage beteiligt. Die einzigartige Komposition aus imposanten Barockgärten, vier Gartenschlösschen und dem Hauptschloss zählt zu den schönsten und prächtigsten Schlossanlagen weltweit.

Asamkirche, München
(unten rechts)

Die weltberühmte kleine St. Johann-Nepomuk-Kirche wurde von Egid Quirin Asam (1692–1750) seit 1733 auf eigene Kosten errichtet. Unterstützt wurde er von seinem Bruder Cosmas Damian (1686–1739), der für die Ausstattung zuständig war. Entstanden ist ein mit überbordender Fantasie ausgestattetes „Theatrum sacrum", ein absolutes Meisterwerk des Barock.

Schloss, Herrenchiemsee
(oben)

Das 1878 begonnene Herrenchiemseer Schloss, das eine Originalkopie von Schloss Versailles werden sollte, ist das größte der Fantasieschlösser König Ludwigs II. von Bayern (1845–1886) und damit auch der deutlichste Ausdruck des Größenwahns dieses Herrschers. In dem mit höchstem Aufwand prachtvoll ausgestatteten Schloss verbrachte der König immerhin ganze 23 Nächte.

Kirche zum Gegeißelten Heiland, Wies *(unten)*

Heute ist die Wallfahrt zur Wieskirche eher eine Wallfahrt zur Kunst: Hier erleben die aus aller Welt heranströmenden Besucher einen letzten Höhepunkt des Rokoko. Ab 1745 errichtete Dominikus Zimmermann (1685–1766) diesen weltberühmten Bau, der seinen Höhepunkt in dem einzigartig kostbaren Chor findet, in dem die Grenzen aller Kunstgattungen aufgehoben sind.

Schloss Neuschwanstein, Schwangau *(rechte Seite oben)*

Das unter Bayernkönig Ludwig II. 1869–1891 erbaute Neuschwanstein ist der Prototyp des „Märchenschlosses". Der Bau genießt Weltruhm und zieht jährlich Millionen von Touristen an, doch liegt der Grund hauptsächlich im menschlichen Bedürfnis nach Romantik und einem gewissen Kitsch, das das strahlend weiße Schloss vor einer malerischen Alpenkulisse aufs Beispielhafteste befriedigt.

Benediktinerabtei, Reichenau
(unten)

Die Insel im Bodensee war eines der wichtigsten Zentren abendländischer Klosterkultur des frühen Mittelalters und gehört seit 2001 zum Weltkulturerbe. Als Heimat vieler berühmter Persönlichkeiten war die Reichenau zur Zeit der Ottonen das Zentrum der Buchmalerei im Reich. Von den drei Klosterkirchen ist die Kirche von Mittelzell mit ihren großartigen Fresken die prachtvollste.

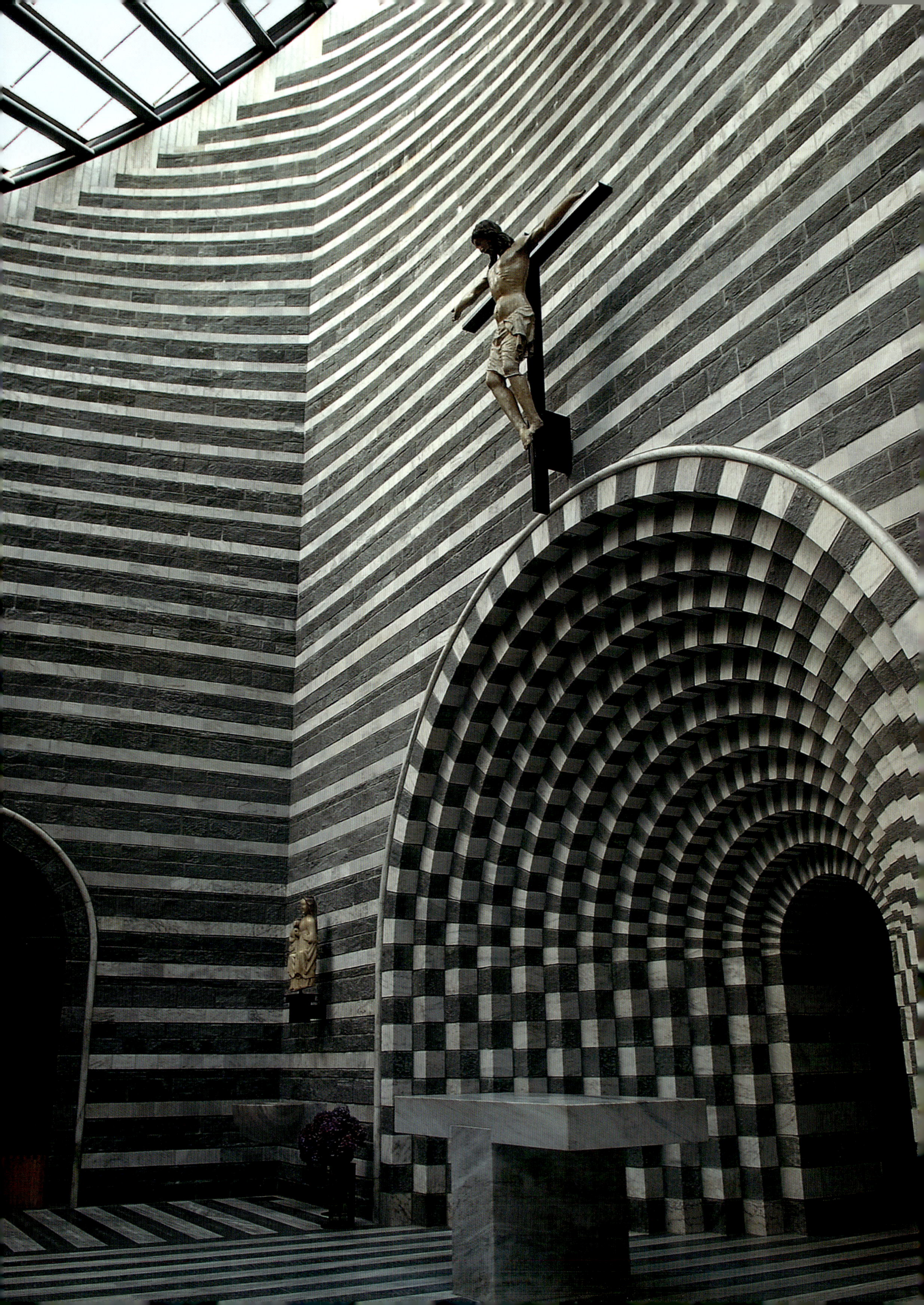

Schweiz

San Giovanni Battista, Mogno
(linke Seite)

1986 wurde der kleine Ort von einer Lawine begraben, zehn Jahre später überrollten ihn Touristenmassen. Der Grund hierfür war die Kirche, die Mario Botta (* 1943) 1992–1994 errichtet hatte. Der Bau über elliptischem Grundriss und alternierenden Marmorschichten aus Peccia sowie Granit aus dem Valle Maggia wird von einem Dach aus Eisen und Glas abgeschlossen, das im Inneren bezaubernde Lichtreflexe erzeugt.

Benediktinerabtei St. Johann, Müstair *(oben)*

Die farbenfrohen Malereien an Apsiden und Wänden aus dem 9. Jahrhundert – der größte zusammenhängende karolingische Freskenzyklus überhaupt – gaben den Ausschlag für die Aufnahme St. Johanns ins Weltkulturerbe 1983. Sie wurden erst 1947 bis 1950 freigelegt. Das Kloster selbst wirkt durch den alten Wehrturm – den zeitweilig auch als Wohnturm genutzten „Plantaturm" – malerisch inmitten der Berge.

Fürstabtei, St. Gallen *(unten)*

Seit 1983 gehört die Abtei, die den St. Galler Klosterplan, den Idealplan einer benediktinischen Klosteranlage, beherbergt, zum Weltkulturerbe. 1755–1767 wurde die Klosteranlage von Peter Thumb (1681–1766) und Johann Michael Beer (1696–1780) neu erbaut. Die weltberühmte Bibliothek Thumbs ist ein Prachtraum ohnegleichen. Die Kirche gehört zu den größten und bedeutendsten Sakralbauten des Barock.

Österreich

Benediktinerkloster, Melk
(unten)

Auf einem 57 m hohen Granitfelsen über der Donau thront die gewaltige Klosteranlage, die seit 2000 zum Weltkulturerbe gehört. 1702–1736 wurde das bestehende Kloster durch Jakob Prandtauer (1660–1726) und Joseph Munggenast (1680–1741) völlig umgebaut. Die Kirche mit ihrer stolzen Zweiturmfassade und der 64 m hohen Tambourkuppel wird von der weltberühmten Bibliothek und dem Marmorsaal flankiert.

Hundertwasserhaus, Wien
(rechte Seite oben links)

Das 1983–1986 von Friedensreich Hundertwasser (1928–2000) entworfene Wohngebäude gehört zu den weltberühmten Sehenswürdigkeiten Wiens. Das farbenfrohe, reich bepflanzte und mit Zwiebeltürmchen bekrönte Gebäude ist von der Grundriss- bis zur Fassadengestaltung völlig unregelmäßig. Der Bau ist ein Musterbeispiel für die Vorstellung Hundertwassers von einer alternativen, menschenfreundlichen Architektur.

Stephansdom, Wien
(rechte Seite oben rechts)

St. Stephan ist nicht nur einer der größten und schönsten gotischen Sakralbauten Europas, sondern auch eines der kostbarsten Wahrzeichen der Stadt Wien und das Identifikationsbauwerk Österreichs. Sein großartiger Südturm, der „Steffl", ist mit 136,7 m zudem dritthöchster Kirchturm der Welt. Um 1240 wurde mit dem heutigen Bau begonnen, dessen Markenzeichen das steile, mit 230 000 glasierten Ziegeln gedeckte Dach ist.

Looshaus, Wien
(unten)

Das 1910 von Adolf Loos (1870–1933) errichtete Gebäude war während seiner Erbauung heftig umstritten, zählt heute aber zu den wegweisenden Bauten der Moderne. Gegenüber der neubarocken Residenz verzichtete Loos strikt auf jegliches Ornament und schuf ein „Haus ohne Augenbrauen", also ohne Fensterbekrönungen. Auch die deutliche Trennung von Geschäfts- und Wohnbereich war zukunftsweisend.

Hofburg, Wien
(oben)

Die alte kaiserliche Residenz ist ein 240 000 qm großer Komplex, der im Laufe der Jahrhunderte stetig vergrößert wurde und 18 Trakte mit 2600 Räumen umfasst. Der künstlerisch bedeutendste Bau ist die Hofbibliothek von Johann Bernhard Fischer von Erlach (1656–1723). Zu den größten Kostbarkeiten in den Schatzkammern der Burg gehören die Kaiserkrone und die Insignien des Heiligen Römischen Reiches.

Haas-Haus, Wien
(unten)

Heftige Diskussionen löste dieser Neubau aus, da er direkt gegenüber dem österreichischen Nationalheiligtum, dem Stephansdom, errichtet wurde. Hans Hollein (* 1934) führte den Bau 1985–1990 aus und schuf mit der imposanten Spiegelfassade einen gewollt starken Kontrast zu allen umliegenden Bauten. Er war damit Bahnbrecher für zeitgenössisches Bauen inmitten historischer Stadtkerne.

Schloss Schönbrunn, Wien
(oben)

Wären die ursprünglichen Pläne von Johann Bernhard Fischer von Erlach ausgeführt worden, stünde hier heute ein absolutistischer Repräsentationsbau ohnegleichen. Das Schloss wurde stattdessen ab 1695 in reduzierter Form errichtet und unter Maria Theresia ab 1743 von Nikolaus Pacassi (1716–1790) kongenial erweitert und umgestaltet. Die heutige Anlage gehört zu den imposantesten Schlössern der Welt.

Secessionsgebäude, Wien
(unten)

Im bewussten Gegensatz zum Historismus entstand 1897 die „Vereinigung bildender Künstler Wiener Secession", ein Bekenntnis zur international anerkannten Kunst des Jugendstils. Ein Jahr später schuf Joseph Maria Olbrich (1867–1908) das kongeniale Ausstellungsgebäude der Gruppe. Der blockhaft schlichte Bau wird von einer goldenen Laubkuppel bekrönt, die symbolisiert, wie sich die Kunst unter der Natur entfaltet.

EUROPA – Österreich

Schönbrunner Palmenhaus, Wien *(oben)*

Die filigrane Eisen-Glas-Konstruktion wurde in den Jahren 1881/82 nach Plänen von Franz Xaver Segenschmid (1839–1888) errichtet. Der 113 m lange Bau, eines der drei größten Tropenhäuser weltweit, besteht aus einem 28 m hohen Mittelpavillon und zwei niedrigeren Seitenpavillons. Die subtil ausgewogenen Proportionen verleihen dem Bau trotz der enormen Größe eine spürbare Leichtigkeit.

St. Karl Borromäus, Volders
(linke Seite unten)

Die Kirche kann wohl als das skurrilste, aber auch fantastischste sakrale Bauwerk in der österreichischen Architektur des 17. Jahrhunderts bezeichnet werden: Entworfen wurde der Bau über dreipassförmigem Grundriss vom Arzt des Stiftes Hippolytus Guarinoni (1571–1654). Absolut exotisch ist die Außenbaugestaltung, die sich jeglicher entwicklungsgeschichtlicher Einordnung entzieht.

Kunsthaus, Graz
(oben)

Seit 2003 präsentiert das Gebäude – von seinen Schöpfern Peter Cook (* 1936) und Colin Fournier (* 1944) „Friendly Alien" genannt – Ausstellungen zeitgenössischer Kunst. Wie eine Luftblase schwebt die bläulich schimmernde Hülle über dem gläsernen Erdgeschoss. Eine Besonderheit ist die 900 qm große BIX-Medienfassade, die die Außenhaut des Baus als Kommunikationsmedium nutzbar macht.

Dom, Salzburg
(unten)

Der Neubau des Salzburger Doms wurde weit über die Grenzen Österreichs hinaus als epochales baukünstlerisches Ereignis betrachtet. 1614–1628 schuf Santino Solari (1576–1646) den monumentalen Bau mit seiner richtungsweisenden Doppelturmfassade. Der kleeblattförmige Ostteil wird von einer 75 m hohen Kuppel überragt. Heute finden in der Kirche 10 000 Menschen Platz.

Italien

Galleria Vittorio Emanuele, Mailand (links)

Die größte Einkaufspassage Europas wurde 1864–1867 von Giuseppe Mengoni (1829–1877) errichtet. Der kreuzförmige Bau, bei dem als einem der ersten Bauwerke Glas, Stahl und Eisen kombiniert verwendet wurden, besitzt im Zentrum einen achteckigen Platz, der von einer riesigen Glaskuppel überwölbt wird. Die Galerie wurde zum Vorbild vieler eleganter und luxuriöser Einkaufspassagen in zahlreichen Metropolen.

Santa Maria delle Grazie, Mailand (rechte Seite oben)

An die 1466–1490 errichtete Kirche wurde ab 1492 ein neuer Chor angebaut; der gewaltige Zentralbau stammt wohl von Bramante (um 1444–1514) und bietet von außen einen unvergleichlichen Anblick. Das größte Kunstwerk des Klosters und eines der berühmtesten Gemälde der Menschheit befindet sich im ehemaligen Refektorium: Leonardo da Vincis (1452–1519) ab 1494 erschaffene Seccomalerei „Das Abendmahl"

Santa Maria Nascente, Mailand (rechte Seite unten)

Baubeginn des Doms war bereits 1386, beendet waren die Bauarbeiten jedoch erst Ende des 19. Jahrhunderts mit Errichtung der Fassade. Heute besitzt die Kirche das höchste Mittelschiff, die höchsten Scheidarkaden und die größten Maßwerkfenster der Welt; die Pfeiler und die Kapitelle sind einmalig. Alles an diesem Bau, der zu den weltweit größten Kirchen gehört, ist ungewöhnlich und gigantisch.

Superga, Turin
(Mitte)

Der Anblick dieses auf einem 670 m hohen Hügel liegenden Sakralbaus ist unvergesslich: 1714–1731 von Filippo Juvarra (1678–1736) als Grabkirche für die Könige von Savoyen erbaut, gilt sie als eines der Hauptwerke des Barock. Hinter einem gewaltigen Portikus steigt ein mächtiger Tambour auf, der von einer riesigen Kuppel bekrönt wird. Anregungen durch das Pantheon und den Petersdom in Rom sind augenfällig.

EUROPA – Italien

Mole Antonelliana, Turin
(oben)

Der gigantische Bau, den Alessandro Antonelli (1798–1888) zwischen 1863 und 1888 errichtete, war zunächst als Synagoge gedacht. Bei seiner Fertigstellung war der 167,50 m hohe Turm das höchste begehbare Gebäude der Welt und gilt als das Äußerste, was mit traditioneller Bautechnik, d. h. ohne Eisenbeton, hergestellt werden kann. Heute befindet sich hier das wichtigste Filmmuseum Italiens.

Lingotto-Fiatwerke, Turin
(unten)

Die ehemals größte Autoproduktionsstätte der Welt wurde 1915–1923 vom Schiffbauingenieur Giacomo Mattè-Trucco (1896–1934) errichtet und bald zur Manifestation des Futurismus. In dem fünfstöckigen Gebäude mit der berühmten Teststrecke auf dem Dach konnten die Produktionsabläufe sogar vom Auto aus überwacht werden. Nach 1982 wurde der Bau durch Renzo Piano (* 1937) in ein Kultur- und Einkaufszentrum umgewandelt.

Palazzina di Stupinigi, Nichelino (oben)

Das Jagdschloss für die Herzöge von Savoyen wurde 1729–1733 errichtet, gehört zum Weltkulturerbe und ist eines der Hauptwerke Filippo Juvarras (1678–1736). Die gigantische Anlage über einem weitläufigen Grundriss gleicht einem riesigen Ornament und erscheint wie die Bühne eines barocken Theaters. Zentrum ist der Festsaal, durch den man auch in den Schlosspark gelangt.

Castello Reale, Racconigi (Mitte)

Das königliche Schloss ist eine der Residenzen des Hauses Savoyen, die seit 1997 zum Weltkulturerbe zählen. Ab 1834 schuf Pelagio Palagi (1775–1860) am nordwestlichen Rand des Gartens eine imposante „gotische Burg", die „Margaria". Sie ist einer der wichtigsten Bauten der Neugotik in Italien, der sich an englische Vorbilder, den barocken Villenbau und mittelalterliche Klosteranlagen anlehnt.

Arena, Verona (unten)

Die Arena di Verona ist heute besonders durch die hier jährlich stattfindenden rauschenden Opernaufführungen berühmt. Aber nicht nur akustisch, sondern auch architektonisch ist der Bau von großer Bedeutung: 30 n. Chr. errichtet, ist die 138 x 110 m messende Arena nach dem Kolosseum in Rom das größte erhaltene römische Amphitheater, in dem über 20 000 Besucher Platz finden.

Basilica Palladiana, Vicenza
(oben)

Ab 1549 renovierte Andrea Palladio (1508–1580) das mittelalterliche Rathaus von Vicenza nach seinen Vorstellungen einer zeitgenössischen Basilika nach römischen Vorbild. Der eine ungeheuere Ausgewogenheit ausstrahlende Bau machte ihn auf einen Schlag bekannt und zeigt erstmals das berühmte Architekturmotiv der Verbindung von Arkade und Kolonnade, das seither auch Palladio-Motiv genannt wird.

La Rotonda, Vicenza
(unten)

Die würfelförmige Villa ist zweiachsig symmetrisch mit einem runden Kuppelsaal angelegt, von dem aus vier Gänge zu den vier Säulenloggien führen. Andrea Palladio (1508–1580) hat diesen Bau 1550 errichtet, der die spätere Architektur wie kaum ein anderes Bauwerk beeinflusst hat und die Vorstellung des Architekten in reinster Form zur Schau stellt: den Traum von Arkadien auf venezianischem Boden.

Teatro Olimpico, Vicenza
(rechte Seite oben)

Andrea Palladios (1508–1580) letzter Auftrag für Vicenza war der Entwurf für das berühmte Teatro Olimpico, das erste freistehende Theatergebäude seit der Antike. Der Bau besteht aus einem halb ovalen Zuschauerraum (Cavea), einer kleinen Bühne (Orchestra) und dem Bühnenhaus (Skene), das an einen römischen Triumphbogen erinnert. Das Theater wird heute noch bespielt und gehört zum Weltkulturerbe.

Basilica di Sant'Antonio, Padua
(unten)

Der „Santo" ist eines der berühmtesten und meistbesuchten Heiligtümer Italiens. Die Grabkirche des hl. Antonius von Padua (1195–1231) wurde ab 1232 errichtet und präsentiert sich als bizarre Mischung aus gotischen, romanischen und byzantinischen Stilelementen. Hochbedeutend sind der von Donatello (um 1386–1466) geschaffene Altar und das Reiterstandbild des Condottiere Gattamelata vor der Kirche.

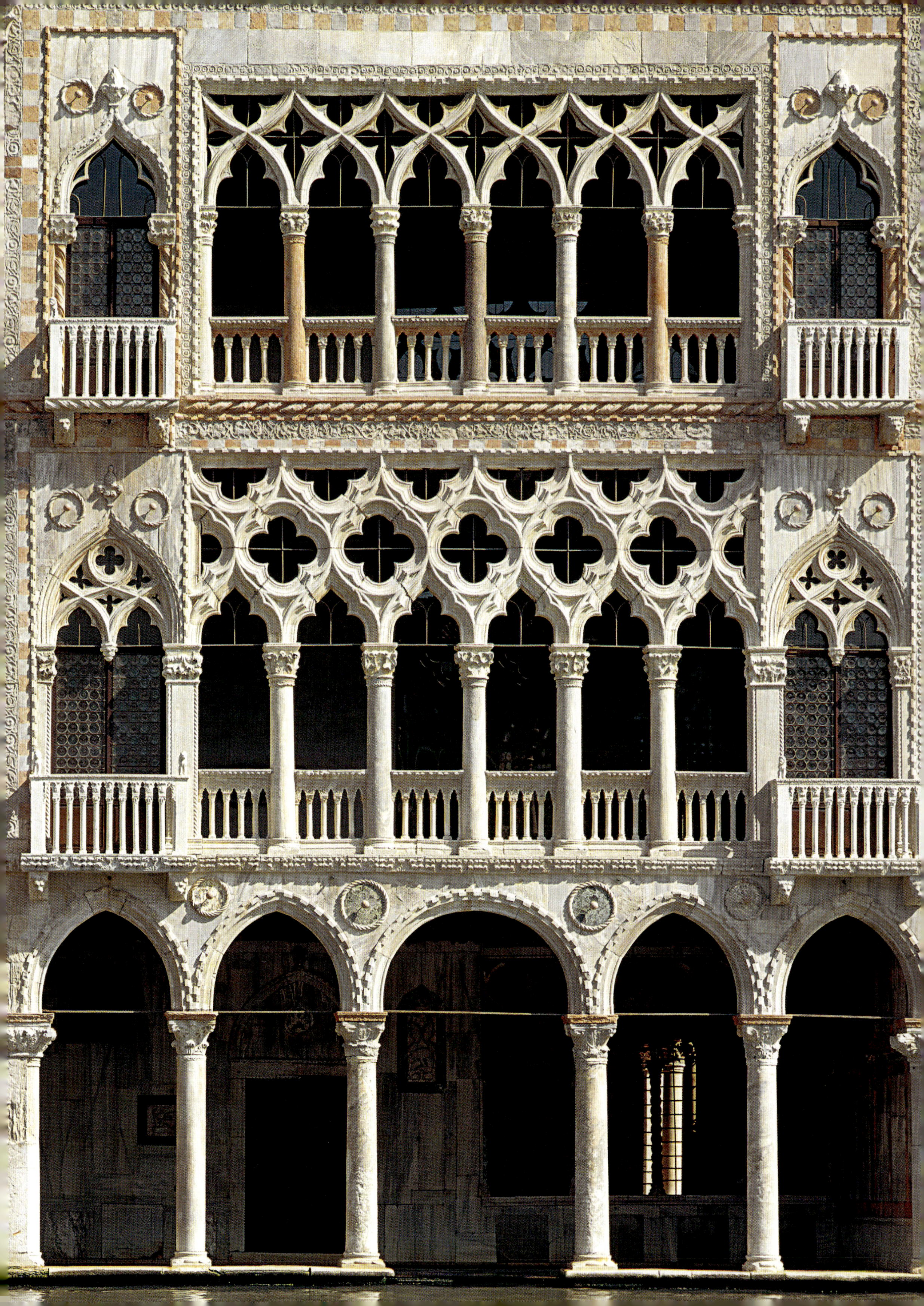

EUROPA – Italien | 91

Ca' d'Oro, Venedig
(linke Seite)

Der von Bartolomeo Buon (um 1400–1465) zwischen 1421–1440 errichtete Palast ist eines der großen Meisterwerke der venezianischen Spätgotik und gleichzeitig erstes Zeugnis der Frührenaissance. Die im Original üppig vergoldete Fassade zeigt neben den typisch gotischen Zierformen erstmals eine Erdgeschossloggia, die zusammen mit der gespannten, tafelförmigen Komposition schon auf eine neue Zeit weist.

Ponte di Rialto, Venedig
(oben)

Nach einer fast 100-jährigen Planungstätigkeit, während der die berühmtesten Architekten Pläne vorgelegt hatten, konnte die Rialtobrücke 1588–1591 von Antonio da Ponte (1512–1595) errichtet werden. Er schuf ein städtebauliches Meisterwerk, das zugleich als Tor für Schiffe, Fußgängerweg und Verkaufsfläche für Händler diente und heute zu den Symbolen venezianischer Baukunst gehört.

Piazza San Marco, Venedig
(unten)

Der Markusplatz, der seine heutige Form hauptsächlich vom 12. bis ins 16. Jahrhundert erhalten hat, gehört zu den schönsten Platzanlagen der Welt. Mit der zum Wasser hin offenen Piazzetta bildet die Piazza den für venezianische Plätze typischen L-förmigen Grundriss. Die herrliche Weiträumigkeit der Anlage steht in schroffem Gegensatz zur Enge der umliegenden Quartiere.

Il Redentore, Venedig
(oben)

Sie gehört zu den einflussreichsten Kirchen des 16. Jahrhunderts (1577–1592 erbaut) und stellt die Krönung des außergewöhnlichen Werkes von Andrea Palladio (1508–1580) dar: Hinter der stolzen Fassade der Votivkirche verbirgt sich ein Innenraum von höchstem Ebenmaß, der aus den beiden Bauteilen des Langhauses und des zentralisierten Kuppelbaus besteht, die in einmaliger Weise zu einer Einheit verschmolzen wurden.

Basilica di San Marco, Venedig
(unten)

Der Markusdom wurde im Laufe seiner fast 1000-jährigen Geschichte zum Nationalheiligtum der Lagunenrepublik und beherbergt den umfangreichsten Mosaikenzyklus des Abendlandes, der ihm den Beinamen „Goldene Basilika" eingebracht hat. Der Kern mit fünf Kuppeln über kreuzförmigem Grundriss (11. Jahrhundert) bildet das Zentrum eines Baus, bei dem Architektur und Bildkünste eine einzigartige Symbiose eingehen.

Palazzo Ducale, Venedig
(oben)

Der in vier großen Bauphasen ab 1340 errichtete Dogenpalast war bis 1798 das politische Zentrum Venedigs und demonstrierte der ganzen Welt die Macht und die Herrlichkeit der Republik. Das Bauwerk, einer der wichtigsten Profanbauten der Gotik, besitzt kolossale Ausmaße und beherbergt eine schier unüberschaubare Fülle an bedeutenden Kunstschätzen, darunter Jacopo Tintorettos (1518–1594) monumentales „Paradies".

Santa Maria della Salute, Venedig *(unten)*

Die „Salute" ist ein einmaliges städtebauliches und baukünstlerisches Denkmal: Ab 1631 baute Baldassare Longhena (1598–1682) das absolute Meisterwerk seines gesamten Schaffens. Der Grundgedanke, einen Zentralbau mit großer Kuppel zu schaffen, der gleichzeitig Front gegen den Canal Grande macht und auch nach Süden einen bildhaften Prospekt ausbildet, wurde hier in einzigartiger Weise umgesetzt.

Santa Maria Assunta, Aquileia
(oben rechts)

Das Gebäude ist eine der großen Kirchen der Christenheit. Der im 11. Jahrhundert erbaute Dom gehört einem Bautypus an, der für Italien von der Spätantike bis ins 12. Jahrhundert kennzeichnend war: eine dreischiffige Säulenbasilika, entweder mit offenem Dachstuhl oder, wie hier, flach gedeckt. Berühmt sind auch die Fußbodenmosaiken im Mittelschiff.

Palazzo Ducale, Mantua
(oben links)

Der ab dem 14. Jahrhundert errichtete Bau diente hauptsächlich der Familie Gonzaga als Herrschaftssitz. Das gewaltige Bauwerk besitzt über 500 Räume und zählt zu den größten und prächtigsten Palästen der Renaissance. Hauptsehenswürdigkeit ist die weltberühmte „Camera degli Sposi", die von Andrea Mantegna (1431–1506) aufs Üppigste mit Fresken ausgestattet wurde.

San Geminiano, Modena
(unten)

Der 1099 von Meister Lanfranco begonnene Dom stellt eine bedeutende architektonische Innovation dar. Der vollkommen einheitliche Außenbau hat sein schönstes Motiv in der Zwerggalerie mit Überfangbogen. Die von Meister Wiligelmo (Anfang 12. Jahrhundert) geschaffenen Skulpturen gehören zu den Pionierleistungen und zum Ausgangspunkt der romanischen Skulptur in Oberitalien.

Sant'Andrea, Mantua
(rechte Seite unten)

Das ab 1472 errichtete Langhaus der Basilika ist einer der Gründungsbauten der Renaissancearchitektur und wurde maßgebend für die Kirchenbaukunst der nächsten Jahrhunderte. Leon Battista Alberti (1404–1472) schuf einen Raum, der sich in seiner Monumentalität mit antiken Großbauten messen kann. Die Fassade kombiniert die Motive des Triumphbogens und der Tempelfront.

Palazzo del Te, Mantua
(oben)

1525–1535 errichtete Giulio Romano (1499–1546) diesen einstöckigen, quadratisch um einen Innenhof gruppierten Bau, der bald zum Inbegriff der Baukunst des Manierismus wurde. An den revolutionären Fassaden werden zwar nur bekannte antike Elemente verwendet, diese aber oft völlig regelwidrig eingesetzt. In der „Sala dei Giganti" scheinen die Raumformen völlig aufgelöst zu sein.

San Giorgio, Ferrara
(unten)

Seit 1995 gehört der historische Stadtkern Ferraras, zu dem auch der Dom zählt, zum Weltkulturerbe. In der Außengliederung stellt die um 1135 begonnene Kirche alle anderen oberitalienischen Dome in den Schatten. Fassade und Längsseite sind komplett mit Blenden und Arkadengalerien überzogen. Einmalig ist die Westfassade, eine faszinierende Schauwand mit drei Prachtgiebeln.

Mausoleum des Theoderich, Ravenna *(oben)*

Das Grabmal des ostgotischen Königs Theoderich des Großen (um 454–526), der in Ravenna seinen Hof hatte, wurde ab 520 errichtet und ist ein einmaliges Gebäude, dem keine Vergleichsbauten zur Seite gestellt werden können. Über dem zehneckigen Grundriss erheben sich die zwei Stockwerke aus istrianischem Kalkstein, die von einem nahezu 300 t schweren Kuppelmonolithen bekrönt werden.

San Vitale, Ravenna
(unten links)

522–547 wurde dieses architektonische Highlight errichtet: Prägendes Motiv des Oktogonalbaus sind die großen Pfeilerarkaden und die Säulenkonchen, die mit einer so selbstverständlichen Sicherheit proportioniert sind, dass sie dem Raum ein vollendetes Ebenmaß der Erscheinung geben. Zudem enthält der Raum das komplexeste Mosaikenprogramm aller Bauten in Ravenna.

Sant'Apollinare in Classe, Ravenna *(unten rechts)*

Die seit 1996 zum Weltkulturerbe zählende, um 535–549 errichtete Kirche ist eine typische frühchristliche Basilika, in der sich alles auf den Altarraum konzentriert. Der Gläubige sollte den Weg vom Eingang hin zum Altar als Weg zu Gott verstehen. Da die Langhausmosaiken im 15. Jahrhundert geraubt wurden, vermitteln nur noch die Mosaiken der Apsis mit dem heiligen Apollinaris einen Eindruck von der ehemaligen Pracht.

Santa Maria Assunta und Baptisterium, Pisa *(oben)*

Der Dombereich ist ein einzigartiges Ensemble von Prachtbauten und wird nicht grundlos „Piazza dei miracoli", Platz der Wunder, genannt. Die fünfschiffige Basilika war der prachtvollste und einer der grandiosesten Bauten seiner Zeit. Das Baptisterium ist die größte Taufkirche der christlichen Geschichte und besticht vor allem durch die von Niccolò Pisano (um 1206–1278) gestaltete Kanzel.

Schiefer Turm, Pisa
(links)

Der Campanile des Pisaner Doms ist wohl der berühmteste Glockenturm der Welt. Bereits kurz nach Baubeginn 1173 geriet der Turm aufgrund eines Grundbruchs in eine Schräglage. Die Zierfreude, die sich am benachbarten Dom schon andeutet, dominiert vollends am runden „Torre pendente", wo Galerien aus Säulenarkaden vor Laufgängen den zylindrischen Kern über einem Sockelgeschoss komplett ummanteln.

Palazzo Medici Riccardi, Florenz *(oben)*

In seiner ursprünglichen Form hat Michelozzo (1396–1472) ab etwa 1440 den Idealpalast der Frührenaissance errichtet. Vier Flügel umschließen einen quadratischen Innenhof, und der dreistöckige Aufbau ist noch ganz der Tradition verhaftet. Die überall wirksame Regelmäßigkeit und Symmetrie, die auf Kontrast angelegte Rustika sowie das wuchtige Kranzgesims allerdings wiesen in die Zukunft.

Santa Maria del Fiore, Florenz
(oben)

Der 1294 begonnene Florentiner Dom muss als weithin sichtbarer Ausdruck des neuen, erstarkten Selbstbewusstseins der Stadt gesehen werden. Die Dimensionen waren riesig, die Konkurrenz der Domneubauten in Pisa, Siena und Orvieto ebenso. Die gewaltige Kathedrale hat den hohen Anspruch eingelöst: Sie ist bis heute das alles beherrschende Wahrzeichen von Florenz.

Santa Croce, Florenz
(Mitte)

Das 1295 begonnene Gebäude ist die größte Franziskanerkirche der Welt. Der riesige Innenraum besticht durch die extreme Weite des Mittelschiffs. Trotz dieser ausladenden Breite dominiert die Längsrichtung, die ihren glanzvollen Zielpunkt in der großartigen Chorwand und dem Chor findet, wo Farbe und Licht einen einmaligen sakralen Akkord anschlagen.

Geschlechtertürme, San Gimignano *(unten)*

Die Wohntürme gehören mit dem historischen Stadtkern des „mittelalterlichen Manhattans" seit 1990 zum Weltkulturerbe. 15 dieser ehemals 72 imposanten Bauwerke sind noch erhalten. Sie dienten den Patrizierfamilien als Schutz- und Repräsentationsbauten – je höher das Bauwerk, desto angesehener die Familie. Machtdemonstration war hier weit wichtiger als luxuriöser Wohnkomfort.

Palazzo Ducale, Urbino
(oben)

Die große Bedeutung Urbinos während der Renaissance symbolisiert am eindrucksvollsten der herrliche Herzogspalast. Die Umbauten begannen 1468 unter dem charismatischen Condottiere Federico da Montefeltro (1422–1482). Zu den edelsten Bauteilen gehört der Säulenhof von Luciano Laurana (um 1420–1479), einer der vornehmsten Innenhöfe der Renaissancearchitektur.

San Francesco, Assisi
(unten)

1228, im Jahr der Heiligsprechung Franz von Assisis (um 1181–1226), wurde der Bau der Basilika begonnen. Über gewaltigen Gewölbeunterbauten erhebt sich eine doppelstöckige Kirche, deren Ruhm die weltberühmten, bahnbrechenden Fresken Giottos (1266–1337) ausmachen. Über der niedrigen Unterkirche besticht die Oberkirche durch ein rein französisches Vorlagensystem und die erste Farbverglasung Italiens.

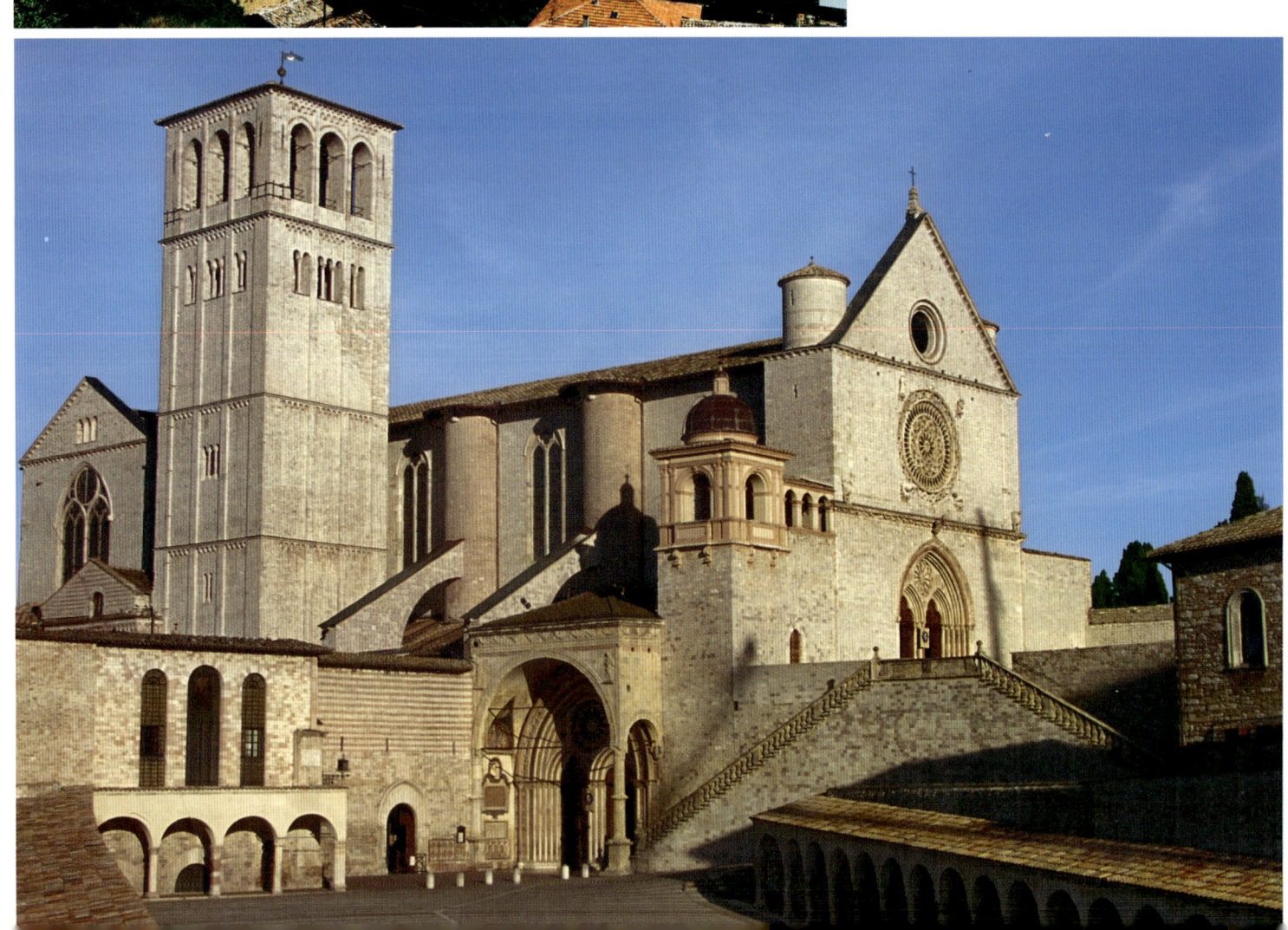

Piazza del Campo, Siena
(unten)

Seit 1995 gehört die historische Altstadt von Siena zum Weltkulturerbe. Der leicht ansteigende, halbrund geschlossene Platz ist ein rein politisches Zentrum, an dem keine Kirche steht. Hier wird jährlich zweimal das berühmte Pferderennen, der Palio di Siena, durchgeführt. Auf der höheren Seite des Platzes findet man den hochbedeutenden Fonte Gaia des Jacopo della Quercia (um 1374–1438).

Villa Farnese, Caprarola
(oben links)

Das um 1550 von Giacomo Barozzi da Vignola (1507–1573) errichtete gewaltige Bauwerk dominiert seine Umgebung wie kaum ein anderes. Man erreicht das fünfeckige Gebäude über mehrere monumentale Treppenanlagen und gelangt durch höchst kostbar ausgestattete Innenräume in den faszinierenden runden Innenhof. Auch der weitläufige Garten ist ein Meisterwerk des Manierismus.

Villa d'Este, Tivoli
(oben rechts)

Die überwältigende Gartenanlage bildet einen der Höhepunkte der Architekturgeschichte des 16. Jahrhunderts und zählt seit 2001 zum Weltkulturerbe. Das auf einem abschüssigen Hang angelegte Ensemble wurde von Pirro Ligorio (1514–1583) geschaffen. Der Garten mit seinen über 500 Brunnen, Nymphäen, Grotten und Wasserspielen hatte enormen Einfluss auf die Entwicklung der Gartenarchitektur in Europa.

Villa Adriana, Tivoli
(rechte Seite oben links)

118–134 wurde die Villa als Sommerresidenz und Alterssitz Kaiser Hadrians (76–138 n. Chr.) ausgebaut. Der riesige Landsitz umfasst über 30 Gebäude, die sich inmitten der schier endlosen Gärten ausbreiten. Die seit 1999 zum Weltkulturerbe zählende Hadriansvilla ist die größte Palastanlage, die sich je ein römischer Kaiser errichten ließ, und unvergleichlich bedeutsam für die Entwicklung der Gartenarchitektur.

Piazza San Pietro, Rom
(unten)

Der Petersplatz in der Vatikanstadt ist der prächtigste Platz der Welt. Er wurde 1656–1667 von Gian Lorenzo Bernini (1598–1680) errichtet und ist einer der größten Geniestreiche der Architektur. Die 17 m breiten, aus vier Reihen monumentaler Säulen gebildeten Kolonnaden umfangen die Gläubigen wie zwei Arme. Das Zentrum des Platzes bildet der riesige, 300 t schwere und 25 m hohe ägyptische Obelisk.

San Pietro, Rom
(rechte Seite oben rechts)

Ab 1506 errichtete man anstelle einer konstantinischen Basilika mit dem 60 000 Menschen fassenden Petersdom die wichtigste und eindrucksvollste Kirche der Christenheit. Die entscheidenden Baumeister waren Bramante (um 1444–1514), der den ersten Entwurf lieferte, Michelangelo (1475–1564), der dessen Pläne vereinfachte und erweiterte, und Carlo Maderno (um 1556–1629), der das Langhaus und die Fassade errichtete.

Piazza del Popolo, Rom *(MItte)*

Die Piazza del Popolo gehört zu den zentralen Plätzen Roms und wurde 1815/16 und 1824 durch Giuseppe Valadier (1762–1839) umgestaltet. Die Hauptakzente bilden der große Brunnen mit dem ägyptischen Obelisken, die beiden Kuppelkirchen und der große Treppenaufgang am Hang des Pincio sowie die von Gian Lorenzo Bernini (1598–1680) barockisierte und aufs Reichste ausgestattete Kirche Santa Maria del Popolo.

Spanische Treppe, Rom
(oben links)

Die Piazza di Spagna mit der Spanischen Treppe und dem triumphalen Abschluss der Kirche Santa Trinità dei Monti ist noch heute eine der begeisterndsten Anlagen der Stadtbaukunst. Die Treppe wurde 1723–1725 von Francesco de Sanctis (um 1693–1740) ausgeführt, der damit die schönste Treppenanlage der Welt schuf, deren Wirkung durch die teils konkav oder konvex geformten Stufen noch verstärkt wird.

Fontana di Trevi, Rom
(oben rechts)

Der grandiose Trevi-Brunnen ist die Vollendung der Brunnenarchitektur in Rom und beendet mit einem Paukenschlag den Barock. 1732–1762 errichtete Nicola Salvi (1697–1751) diese mächtige Schauwand in Form eines dreitorigen Triumphbogens. Zu Füßen des zentralen Okeanos fließt das Wasser über künstliche Felsen in ein halbrundes, spätestens durch Federico Fellinis Film „La Dolce Vita" weltberühmt gewordenes Becken.

Castel Sant' Angelo, Rom
(unten)

Die 135 n. Chr. von Kaiser Hadrian (76–138 n. Chr.) als Mausoleum für sich und seine Nachfolger begonnene Engelsburg gehört zu den geschichtsträchtigsten Denkmälern der Welt. Sie diente als Grabmal, Festung, Papstresidenz und Schatzkammer. Diese vielschichtige Geschichte spiegelt sich auch in den einzigartigen Gegensätzen von Architektur, Skulptur und Malerei wider, die den Besucher erwarten.

Pantheon, Rom
(oben)

Der 118–125 n. Chr. unter Kaiser Hadrian (76–138) von einem unbekannten Genie errichtete Rundbau gehört zu den größten Leistungen der Architekturgeschichte. Vollendete Harmonie durch klar erfassbare Proportionen und einfachste Mittel von Wand, Nische und Kuppelschale zeichnen den Bau aus, der Legionen von Architekten und Bauforschern bis heute in seinen Bann zieht.

Monumento Vittorio Emanuele II, Rom *(unten)*

Das Nationaldenkmal für den ersten König des geeinten Italiens, Viktor Emanuel II. (1820–1878), wurde 1885–1911 nach Plänen von Giuseppe Sacconi (1854–1905) errichtet. Das stolze Monument ist typisch für die nationalistische Stimmung in allen Ländern Europas zu dieser Zeit. Das von den Römern wenig geliebte Bauwerk wird wegen seiner Form gerne spöttisch „Schreibmaschine" oder „Hochzeitstorte" genannt.

Diokletiansthermen, Rom
(oben)

Die 298–305 n. Chr. errichtete Anlage war die größte ihrer Art in Rom, verfiel aber im Mittelalter und wurde als Steinbruch genutzt. Ab 1563 errichtete dann Michelangelo (1475–1564) in den Ruinen die Kirche Santa Maria degli Angeli e dei Martiri für den Karthäuserorden. Michelangelos Entwurf ist nur in veränderter Form ausgeführt worden, doch zeigt auch der heutige Bau noch die Genialität seines Schöpfers.

Kapitolsplatz, Rom *(unten)*

Die religiöse und politische Mitte des antiken Rom wurde durch Michelangelo (1475–1564) ab 1536 neu gestaltet. Die trapezförmige, mit einem vielstrahligen Stern gepflasterte Piazza del Campidoglio und dem Reiterstandbild Mark Aurels als Zentrum, gehört zu den fantastischsten Platzgestaltungen der Welt. „Nebenbei" erfand Michelangelo am Konservatorenpalast auch die Kolossalordnung.

Forum Romanum, Rom
(oben)

Die Anfänge des Forums gehen bis ins 5. Jahrhundert v. Chr. zurück. Obwohl es heute sicherlich besser erhaltene Gebäude in Rom gibt, ist das Forum in seiner Bedeutung unübertroffen. Hier wurde die Größe Roms am eindrucksvollsten demonstriert, und hier wurden jene Ordnungen, Gesetze und Sitten entwickelt, die unser tägliches Leben noch heute bestimmen.

Titusbogen, Rom
(unten)

Der nach 81 n. Chr. errichtete Triumphbogen ist der älteste erhaltene Ehrenbogen Roms. Er repräsentiert die Architektur des Flavierzeitalters in reinster Form. Die seit Jahrhunderten bekannten Grundformen dieses eintorigen Bogens verselbstständigen sich hier zu einer hauptsächlich durch ihre Proportionen, das Material und ihre plastische Kraft sprechende Architektur.

Kolosseum, Rom
(oben)

Das Kolosseum ist das monumentalste Bauwerk des antiken Rom, der Inbegriff des Amphitheaters und architektonischer Ausdruck des römischen Geistes schlechthin. 72–80 n. Chr. erbaut, stürzte 1348 bei einem Erdbeben ein Teil ein. Das mit einem genialen Gängesystem ausgestattete Gebäude konnte etwa 50 000 Schaulustige fassen, die sich hier an Gladiatorenspielen und Tierkämpfen ergötzten.

Maxentiusbasilika, Rom
(unten links)

Das gewaltige Gebäude, das eine außerordentliche baugeschichtliche Wirkung haben sollte, wurde 306–310 n. Chr. von Kaiser Maxentius (um 278–312 n. Chr.) begonnen und von Konstantin dem Großen (um 280–337 n. Chr.) vollendet. Es war das letzte Bauwerk, das römische Kaiser in Rom errichteten. 330, im Jahr der Vollendung, weihte Konstantin die neue Hauptstadt Konstantinopel, wo fortan die römischen Kaiser residierten.

Konstantinsbogen, Rom
(unten rechts)

Der dreitorige Ehrenbogen wurde ab 312 n. Chr. für Kaiser Konstantin I. (um 280–337 n. Chr.) und dessen Mitkaiser Licinius (um 265–325 n. Chr.) nach dem Sieg an der Milvischen Brücke errichtet. Der überaus reich mit Bildwerken geschmückte Bogen ist das besterhaltene Monument des antiken Rom. Architekturgeschichtlich wirkte der Bau als Vorbild für Fassaden und Brunnen der Renaissance und des Barock fort.

Tempietto di San Pietro in Montorio, Rom *(oben)*

In dem winzigen Innenhof des Franziskanerklosters findet sich, genau an der Stelle, an der das Kreuz Petri gestanden haben soll, der 1502 von Bramante (um 1444–1514) errichtete weltberühmte Tempietto. Der kleine Tempel gilt als Musterbeispiel der Hochrenaissancearchitektur. Eine vergleichbare Ausgewogenheit von Maßen und Proportionen wurde später nur ganz selten wieder erreicht.

Caracalla-Thermen, Rom *(unten)*

Die 216 n. Chr. von Kaiser Caracalla (188–217 n. Chr.) eröffneten Thermen waren das großartigste Stadtbad in Rom und in jeder Hinsicht ein absolutes Meisterwerk, das bis zum Ausgang des Barock vorbildlich für die abendländische Architektur wirkte. Allein die vielen unterschiedlichen Wölbformen, die in dieser gewaltigen Anlage nebeneinander existierten, waren für ihre Erbauungszeit einzigartig.

Insulae, Ostia Antica
(oben)

Das an der Tibermündung gelegene Ostia war einst der wichtigste Hafen des antiken Rom. Zu den interessantesten Bauten gehörten die sogenannte „Insulae": Da der Grund begrenzt und teuer war, errichtete man bis zu achtstöckige Wohnblocks, in denen eine große Anzahl an Bewohnern untergebracht werden konnte – eine multifunktionale und erstaunlich modern anmutende Anlage.

San Paolo fuori le Mura, Rom
(linke Seite unten)

St. Paul vor den Mauern birgt eine der denkwürdigsten Stätten der Christenheit: das Grab des heiligen Paulus. Das gewaltige Gotteshaus steht zwar nur als Rekonstruktion des 19. Jahrhunderts vor uns, bewahrt aber als einzige Kirche Roms Idee, Grundriss und Raumeindruck einer frühchristlichen Basilika. Ein besonderes Schmuckstück ist der 1205–1241 errichtete Kreuzgang.

Dio Padre Misericordioso, Rom
(oben)

Ein eindrucksvoller Beweis, dass es in Rom auch herausragende moderne Architektur gibt, ist die 1998–2003 von Richard Meier (* 1934) errichtete Jubiläumskirche. Drei dramatisch aufragende Betonschalen unterschiedlicher Größe prägen den strahlend weißen Außenbau und stehen für die Hl. Dreifaltigkeit. Baukünstlerisches Hauptthema ist das natürliche Licht, das hier Gestaltungsbestandteil wird.

La Reggia, Caserta
(unten)

1751 wurde Luigi Vanvitelli (1700–1773) vom spanischen König beauftragt, den Regierungspalast zu planen. Vanvitelli, der Sohn eines Malers aus Utrecht, erbaute einen Palast mit riesigen Ausmaßen, in dem sich 1200 Zimmer um vier Höfe gruppieren. Die Fassaden, die von über 1970 Fenstern durchbrochen sind, werden von drei Risaliten in der und an ihren Enden gegliedert.

Piazza del Plebiscito, Neapel
(oben links)

Diese Piazza ist der größte Platz Neapels. Geplant wurde die Anlage, die im Westen von der Kirche San Francesco di Paola und im Osten vom Palazzo Reale begrenzt wird, zu Beginn des 19. Jahrhunderts von König Joachim Murat von Neapel (1767–1815), dem Schwager Napoleon Bonapartes. Die Kirche erinnert an das römische Pantheon, und ihrer Fassade ist ein Portikus mit ionischen Säulen vorangestellt.

Casa dei Vettii, Pompeji
(unten links)

Da die Stadt Pompeji 79 n. Chr. nach dem Vesuvausbruch von einer 3 bis 5 m dicken Lavaschicht begraben wurde, vermittelt sie heute ein so authentisches Bild der Antike wie kein anderer Ort. Das komplett ausgegrabene und aufs Reichste ausgestattete Haus der Vettier gehörte zwei Brüdern aus dem Kaufmannstand. Weltberühmt sind die hervorragend erhaltenen Wandmalereien der Villa.

Villa Malaparte, Capri
(unten rechts)

Dieses einmalige Bauwerk, das zu den Ikonen moderner Architektur zu rechnen ist, wurde von Adalberto Libera (1903–1963) zwischen 1938 und 1942 für den italienischen Schriftsteller Curzio Malaparte errichtet. Das rote zweigeschossige Haus steht auf einem Felsvorsprung hoch über dem Meer. Die riesige Treppe führt auf eine Dachterrasse, die so groß ist, dass der Hausherr auf ihr Fahrrad fahren konnte.

EUROPA – Italien | 113

Heratempel, Paestum *(oben)*

Vorbild des um 460 v. Chr. errichteten, damals noch Poseidon gewidmeten Tempels ist wahrscheinlich der Zeustempel von Olympia. Paestum gehört seit 1997 zum Weltkulturerbe und besitzt mit dem Heratempel einen der besterhaltenen griechischen Tempel überhaupt. Die sechs massigen, sich stark verjüngenden dorischen Säulen tragen ein ungemein wuchtiges Gebälk mit Dreiecksgiebel.

Castel del Monte *(unten)*

Man übertreibt nicht, wenn man dieses Schloss als das schönste und bekannteste der Zeit des Hohenstauferkaisers Friedrich II. (1194–1250) bezeichnet. Es wurde von 1240–1250 errichtet und besticht durch seine perfekte Symmetrie. An den Kanten des achteckigen Baus stehen ebenfalls achteckige Türme. Die „Steinerne Krone Apuliens" gehört seit 1996 zum Weltkulturerbe.

Tempel, Segesta *(oben)*

Die Tempelanlage der ehemals blühenden Stadt Segesta gehört zu den besterhaltenen der ganzen Welt. Der wohl um 430 v. Chr. von den Elymern errichtete Sakralbau wurde nie fertiggestellt und geweiht. Er ist mit 36 dorischen Säulen verziert, die alle noch die Schutzschicht für den Transport zeigen. Diese wurde normalerweise abgeschlagen, und die Säulen wurden danach mit Kanneluren geschmückt.

Teatro Greco, Taormina *(unten)*

Die Hauptsehenswürdigkeit Taorminas ist nicht nur wegen seines ausgezeichneten Erhaltungszustands, sondern auch wegen der unvergleichlichen Lage das antike Theater. Der im 2. Jahrhundert v. Chr. entstandene Bau wurde in nachchristlicher Zeit stark erweitert. Den Zuschauern bietet sich ein einmaliger Anblick, da sowohl der Ätna als auch die Bucht von Naxos die Kulissen bilden.

Sassi, Matera
(oben)

Die an einem steilen Felshang gelegenen berühmten Höhlensiedlungen wurden 1993 in die Liste des Weltkulturerbes aufgenommen. Das bereits in der Jungsteinzeit besiedelte Gebiet darf als eine der ältesten Städte der Welt gelten. Jede Epoche hat ihre Spuren hinterlassen, und noch in den 60er-Jahren des 20. Jahrhunderts lebten hier etwa 20 000 Menschen in ärmlichsten Verhältnissen.

Santa Maria Nuova, Monreale
(Mitte)

Der einzigartige Bau (1172–1176) vereint östliche und westliche Baugepflogenheiten in fulminanter Weise; dies ist besonders im einmaligen Prunk des Ostbaus zu erkennen. Der Dom besitzt zudem die größte Bronzetür des Mittelalters und einen der prächtigsten Kreuzgänge überhaupt. Den Weltruhm aber machen die unvergleichlichen, eine Fläche von etwa 3600 qm einnehmenden Mosaiken im Inneren des Doms aus.

Archäologische Stätten, Agrigent *(unten)*

Das 582 v. Chr. gegründete Akragas war der zweitwichtigste Stützpunkt der Griechen auf Sizilien. 1997 wurde das „Tal der Tempel" in die Liste des Weltkulturerbes aufgenommen. Zu den besterhaltenen Gebäuden der griechischen Antike zählt der Concordiatempel, der zu einer Reihe von Tempeln gehört, die im Lauf des 5. Jahrhunderts v. Chr. errichtet wurden.

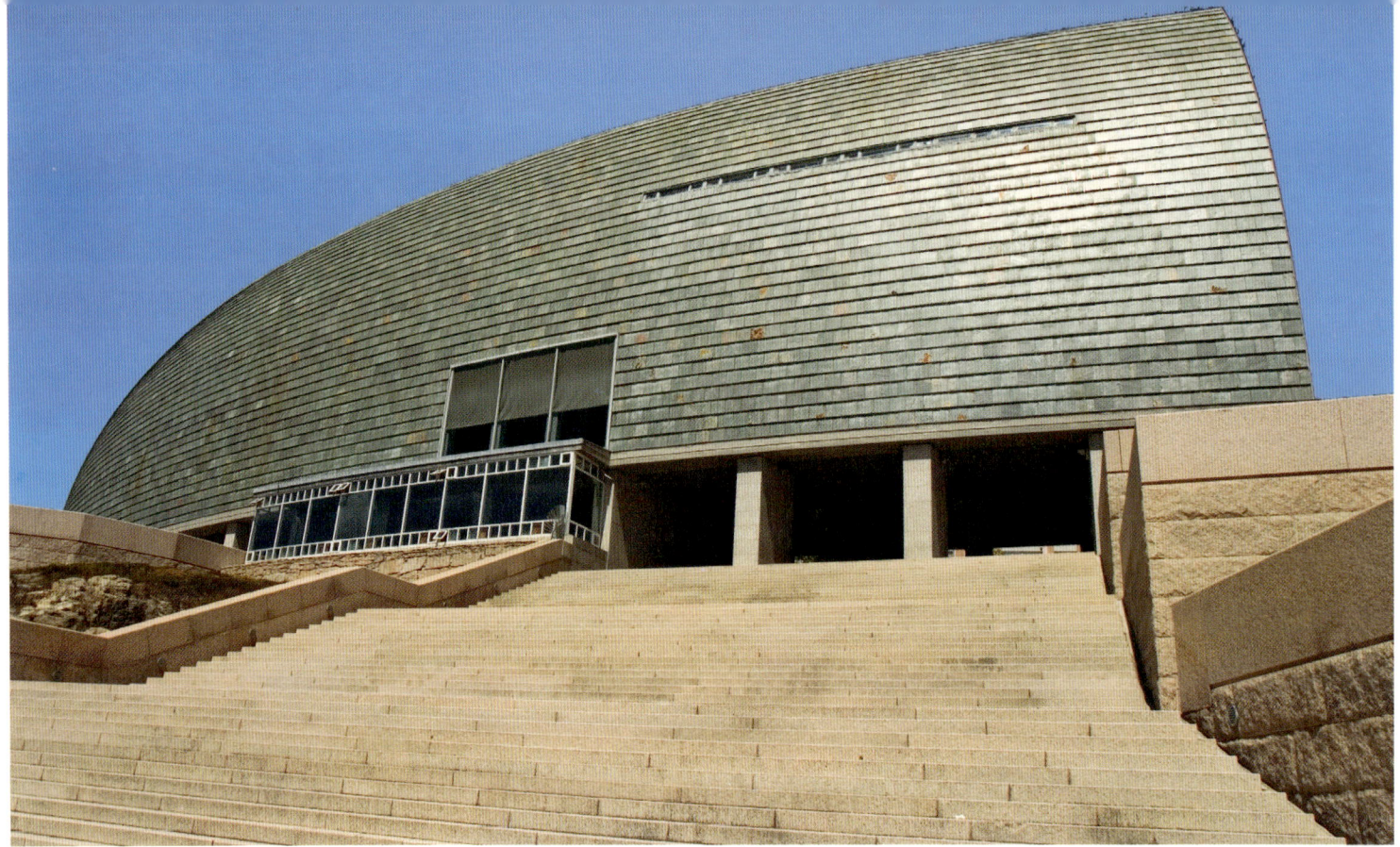

Spanien

Domus, A Coruña
(oben)

1993–1995 errichtete Arata Isozaki (* 1931) den Museumsbau Casa del Hombre auf einer rauen Felsklippe. Dem besonderen Ort und dem harschen Klima entspricht auch die Formensprache Isozakis: Die 17 m hohe, gekurvte Fassade scheint den Wind wie ein Schild von dem Gebäude fernhalten zu wollen. Auch im Inneren gehört dieser Bau des Kenzo-Tange-Schülers zu den wichtigen Museumsbauten des 20. Jahrhunderts.

Santa María, Burgos
(unten)

Der heutige Bau der Kathedrale wurde 1221 begonnen und gehört seit 1984 zum Weltkulturerbe. Die nach französischem Muster angelegte Kathedrale bietet neben der „Capella del Condestable" und der Goldenen Treppe als besonderen Höhepunkt den Vierungsturm, dessen Achteckstern zur Gänze nach einem ornamentalen Muster perforiert und verglast ist – ein nie gesehenes Wunderwerk der Wölbkunst.

Kathedrale, Santiago de Compostela (oben)

Der Bischofssitz gilt als Grabstätte des Apostels Jakobus des Älteren und ist seit jeher das Ziel riesiger Pilgerströme aus ganz Europa. Die Kirche, seit 1985 Weltkulturerbe, wurde ab 1078 errichtet und mehrmals erweitert, bis hin zur doppelten Freitreppe und der imposanten Barockfassade. Ein Prachtstück von überbordender skulpturaler Dichte ist der berühmte „Pórtico de la Gloria" – das Endziel des Jakobsweges.

Guggenheim-Museum, Bilbao (unten)

Das 1993–1997 von Frank O. Gehry (* 1929) errichtete Gebäude gehört zu den wichtigsten Museumsbauten des 20. Jahrhunderts und bricht mit den traditionellen Maßstäben der Architektur. Wie eine Skulptur wirkt das Ensemble aus gekrümmten Formen, die sich biegen, strecken und gen Himmel aufbäumen. Die Fassade aus glänzenden Titanelementen gibt ihm ein futuristisches Aussehen.

Monasterio de San Juan de la Peña *(oben)*

Die Wurzeln des in einmalig spektakulärer Lage unter einem überhängenden Felsen erbauten Benediktinerklosters gehen bis ins frühe 8. Jahrhundert zurück. Neben der Kirche, die den Königen von Navarra und Aragón als Grablege diente, haben sich Reste des Kreuzgangs erhalten. Der Blick aus der Abtskapelle über die Kreuzgangarkaden auf die bewaldete Schlucht ist faszinierend.

Santa María, Girona *(unten links)*

Die Kathedrale ist ein einmaliger Sonderfall der mittelalterlichen Architektur: Nach 1312 fügte man dem romanischen Langhaus einen kompletten Kathedralchor an. Ab 1417 wurde das Langhaus ersetzt, und zwar durch einen einschiffigen Raum, der mit fast 23 m Breite und 34 m Höhe jedes mittelalterliche Maß sprengte und den Chor wie ein zu klein geratenes Anhängsel erscheinen lässt.

Monasterio de Santa María de Poblet *(rechte Seite unten)*

Seit 1991 gehört das 1149 gegründete Kloster, das zu den besterhaltenen und größten Zisterzen des Abendlandes zählt, zum Weltkulturerbe. Ganz im Gegensatz zur zisterziensischen Strenge des Innenraums steht der achteckige Vierungsturm mit seiner offenen Maßwerkarchitektur. Meisterwerke sind der schöne Kreuzgang, das Brunnenhaus, der gewaltige Kapitelsaal und das Dormitorium.

EUROPA – Spanien | 119

Sagrada Família, Barcelona
(oben)

Das Lebenswerk Antoni Gaudís (1852–1926) ist diese 1882 begonnene und bis heute nicht fertiggestellte Basilika. Der Touristenmagnet Barcelonas gehört seit 2005 zum Weltkulturerbe und zählt zu den fantastischsten Sakralbauten aller Zeiten. Stark geprägt wurde der verschiedene Stile vereinende Bau von der persönlichen Spiritualität Gaudís, der zuletzt sogar in der Krypta geschlafen hat.

Torre Agbar, Barcelona
(linke Seite unten rechts)

2001–2004 errichtete Jean Nouvel (* 1945) diesen 142 m hohen, aufsehenerregenden Büroturm. Die schillernde, 16 000 qm große Fassade erinnert an eine Wasserfontäne. Die durchscheinende Farbigkeit der äußeren Hülle aus abgestuften Rot- und Blautönen wird nach oben hin allmählich zurückhaltender und geht in Weiß und schließlich in die vollständig verglaste Kuppel über.

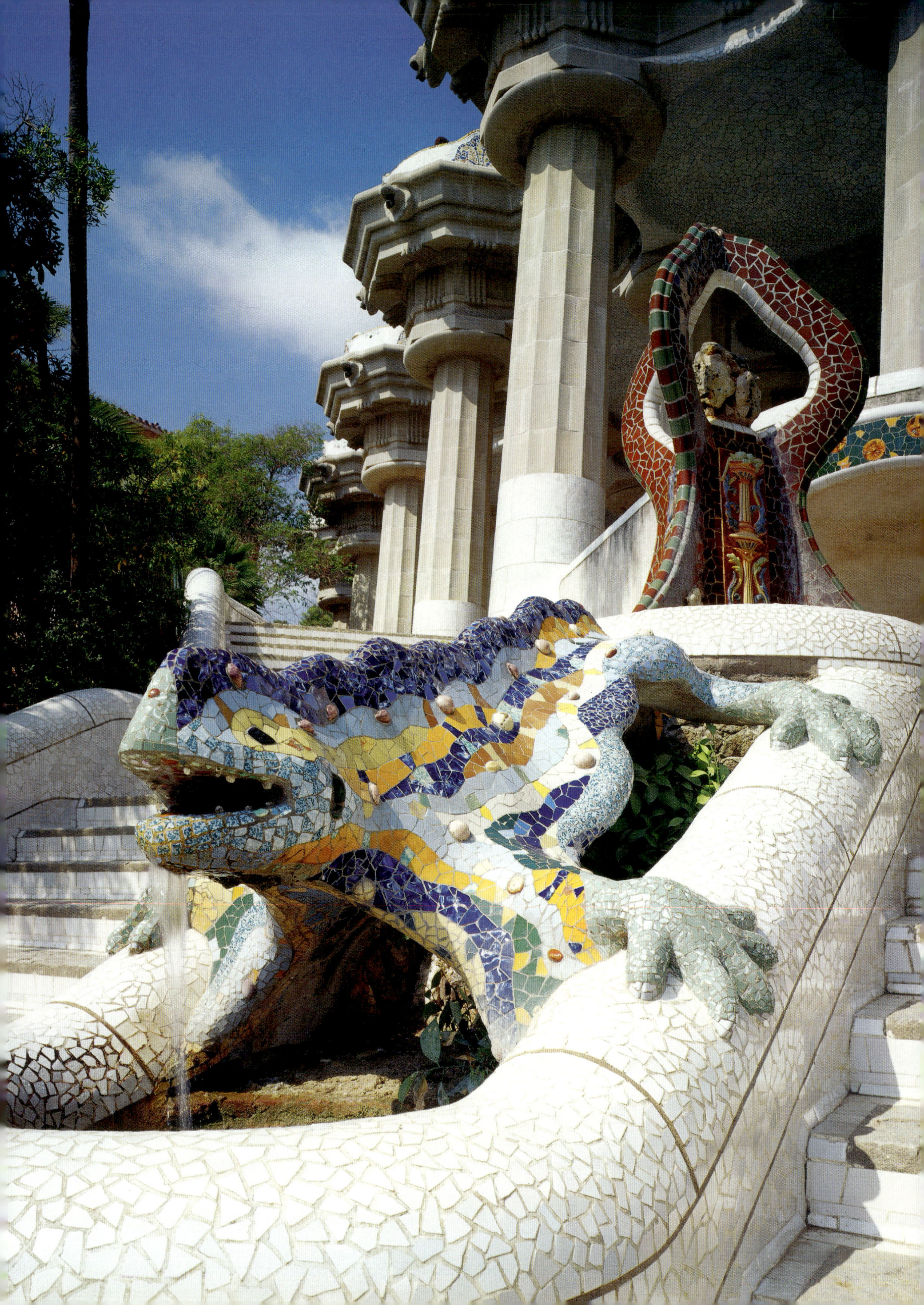

Parque Güell, Barcelona
(linke Seite)

Der 1900–1904 von Antoni Gaudí (1852–1926) erschaffene Park, in dem der Architekt bis zu seinem Tod wohnte, gehört seit 1984 zum Weltkulturerbe und ist eine der faszinierendsten Parkanlagen der Welt. Die fantasievollen Bauten – Treppenanlagen, Viadukte, Arkaden, Skulpturen mit Keramikmosaiken und ein „märchenhaftes" Pförtnerhaus – fügen sich harmonisch in die natürliche Landschaft ein.

Kathedrale, Zamora
(oben links)

Die 1151–1174 erbaute Kathedrale gehört zu den prächtigsten romanischen Sakralbauten Spaniens und wurde im Laufe der Zeit immer wieder verändert. Von 16 Doppelsäulen getragen, überragt die Hauptsehenswürdigkeit und das Wahrzeichen der Stadt die Kirche: die einmalige, byzantinisch inspirierte Kuppel mit Rippen, Rundfenstern und Ecktempelchen, die komplett mit Steinschuppen eingedeckt ist.

Kastell, Coca
(oben rechts)

1453 wurde die Zitadelle von maurischen Handwerkern begonnen. Sie gehört heute zu den eindrucksvollsten spätmittelalterlichen Festungen Mitteleuropas und ist ein Musterbeispiel für den Mudéjar-Stil, d. h. die Mischung aus abendländischen und maurischen Details. Die Kernburg ist von zwei Mauerringen umgeben, die in dieser an Steinen armen Region komplett aus Backstein errichtet werden mussten.

Monasterio Santa María de Montserrat *(unten)*

Schon von Weitem ist der gewaltige Klosterberg zu sehen: Zentrum der Wallfahrt auf den Montserrat ist das wundertätige schwarze Madonnenbild. Das spätmittelalterliche Kloster wurde 1811 weitgehend zerstört und wieder aufgebaut. Während des Franco-Regimes war dieser monumentale Komplex in einmaliger Lage ein kulturelles und religiöses Zentrum des katalanischen Widerstandes.

Santa María, Segovia *(oben)*

1525 wurde unter Kaiser Karl V. (1500–1558) mit dem Neubau der Kathedrale begonnen, die sich am höchsten Punkt der Stadt befindet. Das monumentale Gebäude ist einer der Bauten in Spanien, in denen die Spätgotik noch einmal eine allerletzte Blütezeit erlebte. Hohe Scheidarkaden, üppig profilierte Bündelpfeiler und reiche Stern- und Netzgewölbe zeichnen diese ungemein straff gegliederten Kirchen aus.

Catedral Vieja y Catedral Nueva, Salamanca *(unten)*

Salamanca besitzt zwei prächtige Kathedralen, die zusammen einen Gebäudekomplex bilden. Die Mitte des 12. Jahrhunderts entstandene ältere Kirche (Catedral Vieja) glänzt durch ihren runden Vierungsturm, in dem eine nicht mehr zu überbietende Pracht an Blenden, Säulchen und Friesen herrscht. In der im 16. Jahrhundert errichteten neuen Kathedrale erlebt die Gotik ihre letzte Blütezeit in Spanien.

Real Sitio de San Lorenzo de El Escorial *(oben)*

1563–1584 erschufen Juan Bautista de Toledo († 1567) und später Juan de Herrera (1530–1597) für König Philipp II. diesen gewaltigen Bau, der zu den faszinierendsten Bauwerken der Welt gehört. Das Paradestück der wie ein Kastell eingefassten Anlage ist Herreras großes Treppenhaus. Der Komplex gehört seit 1984 zum Weltkulturerbe und wird in Spanien als „achtes Weltwunder" bezeichnet.

Palacio Real, Madrid *(unten)*

Das Madrider Stadtschloss und die ehemalige Residenz der spanischen Könige wurde von Juan Bautista Sachetti (1690–1764) zwischen 1735–1764 erbaut. Nach den ursprünglichen Plänen sollte die Anlage größer als Versailles werden. Ausgeführt wurde dann eine Vierflügelanlage mit Binnenhof und Eckrisaliten, in deren Fassade sich französische und italienische Elemente der Hofarchitektur vermischen.

Plaza Mayor, Madrid
(unten)

Der berühmte Marktplatz von der Größe eines Fußballfeldes stammt aus dem 15. Jahrhundert und wurde unter König Philipp II. (1527–1598) zum Zentrum des Hofes. Der rechteckige Platz ist komplett mit dreistöckigen Wohngebäuden umgeben, unter ihnen die berühmte, von Fresken geschmückte Casa de la Panadería. Im Zentrum befindet sich das Reiterstandbild Philipps III.

Palacio Real, Aranjuez
(oben)

Philipp II. (1527–1598) ließ auf den Resten eines Klosters eine vierflüglige Sommerresidenz errichten, die unter Philipp V. (1683–1746) zu der heutigen barocken Hofstadt mit geometrischem Straßennetz und einer ausgedehnten Gartenanlage erweitert wurde. Die langen, flachen Gebäude sind bis auf den zentralen Mittelteil zweigeschossig. Seit 2001 gehört die Anlage zum Weltkulturerbe.

Ciudad de las Artes y de las Ciencias, Valencia *(rechte Seite unten)*

Errichtet wurde diese extravagante und spektakuläre Stadt der Künste und Wissenschaften im Zuge der Sanierung eines großen Gebietes am Ostrand von Valencia. Santiago Calatrava (* 1951) errichtete in den Jahren 1991–2006 zunächst das Planetarium, dann ein IMAX-Kino, ein Museum und schließlich das fantastische Opernhaus. Alle Bauwerke zeichnen sich durch einen organisch durchgeformten Charakter aus.

Römische Stätten, Mérida
(oben)

Emerita Augusta war eine 25 v. Chr. gegründete römische Stadt, aus der sich das heutige Mérida entwickelte. Die gut erhaltenen antiken Stätten gehören seit 1993 zum Weltkulturerbe. Grundlage für die Blüte der Stadt war die Wasserversorgung mit Stausee, Staumauer und Aquädukt, allesamt Meisterleistungen römischer Ingenieurbaukunst. Theater und Amphitheater sind ebenfalls bestens erhalten.

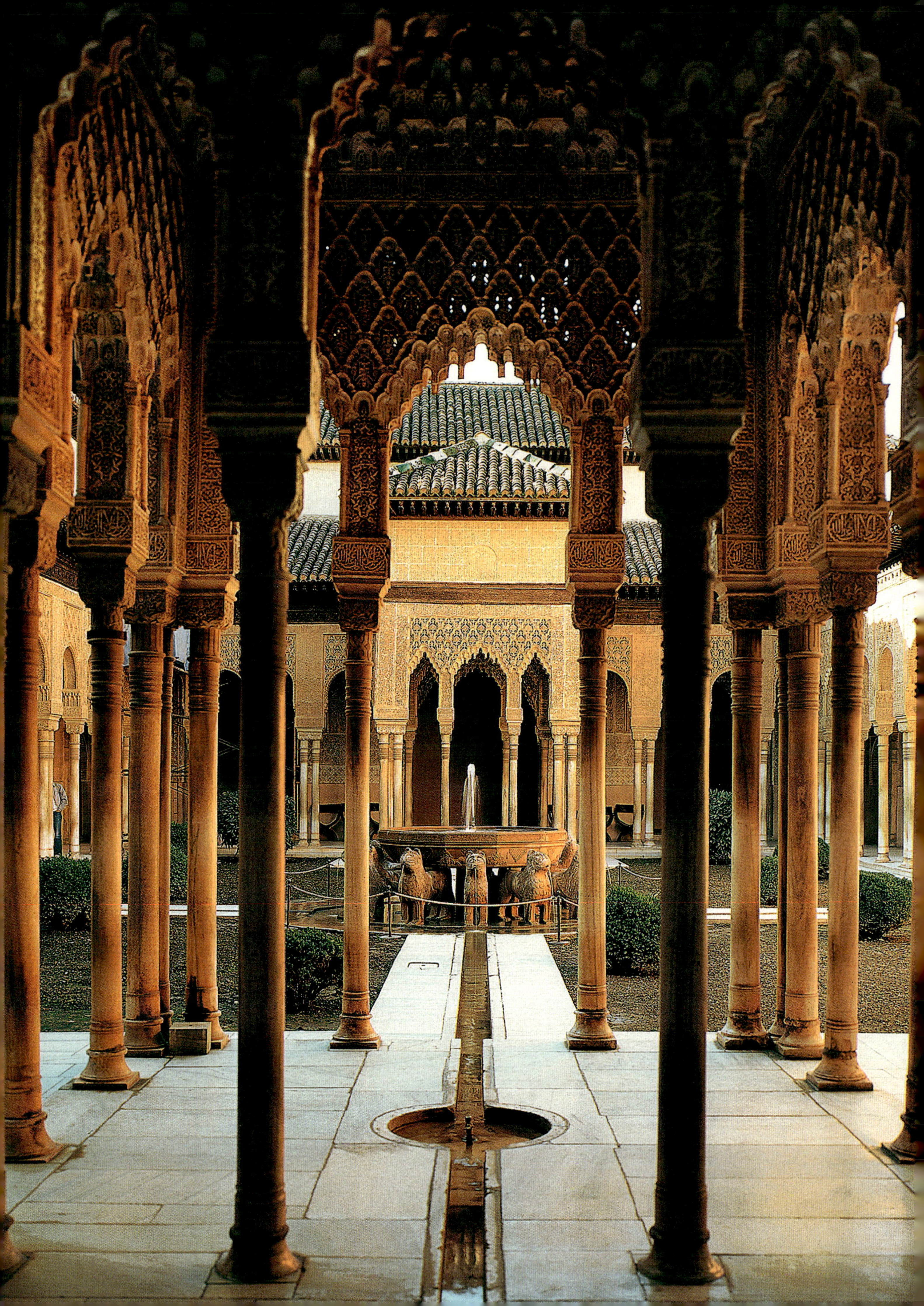

EUROPA – Spanien | 127

La Seu, Palma de Mallorca
(oben)

1230 wurde der Grundstein für dieses einmalige Raumwunder gelegt, das schließlich 1601 geweiht wurde. Das neu erbaute Langhaus der Kathedrale steigerte die Dimensionen ins Gewaltige: 121 m Länge, 18 m Mittelschiffsbreite und über 42 m Höhe. Der Kontrast von Weite und Steilheit macht die Faszination dieses Raumes aus; der Außenbau wirkt wie ein Gebirge aus aufragenden Pfeilern.

Alhambra, Granada
(linke Seite)

Seit 1984 gehört der Palast der letzten muslimischen Dynastie in Spanien zum Weltkulturerbe. Die schlichten Mauern verraten nicht, welche Kunstschätze sich dahinter verbergen. Einen einmaligen orientalischen Zauber entfachen die islamische Ornamentik, das Farbenmeer aus Kacheln und die einmalige Wasser-Architektur. Der prächtigste Teil der gesamten Anlage ist der weltberühmte Patio de los Leones (Löwenhof).

Mezquita, Córdoba
(unten links)

Der Bau ist nicht nur ein Meilenstein der mittelalterlichen Baukunst, sondern auch ein einzigartiges Miteinander von Moschee und Kathedrale in einem Gebäude. Ab 784 wurde der Bau mit seinen schier endlos erscheinenden rot-weißen Doppelbögen auf 850 Säulen aus den kostbarsten Materialien erbaut. Im 16. Jahrhundert wurde mitten in der Moschee eine monumentale gotische Kathedrale errichtet.

Santa María de la Sede, Sevilla
(unten rechts)

Die 1401–1519 errichtete Kathedrale ist die größte gotische und zugleich die viertgrößte Kirche der Welt und gehört seit 1987 zum Weltkulturerbe. Erbaut wurde die monumentale Kathedrale auf den Überresten einer Moschee, von der sich der berühmte Turm – die Giralda – erhalten hat, der zu den höchsten Gebäuden der Welt gehörte und heute das weithin sichtbare Wahrzeichen der Stadt ist.

Portugal

Convento de Cristo, Tomar
(oben)

Die 1162 von Tempelrittern gegründete Anlage gehört seit 1983 zum Weltkulturerbe. Aus der Zeit als Templerburg hat sich die Kirche erhalten, ein zinnenbekrönter, aufs Reichste ausgeschmückter Zentralbau. Nach und nach wurde das Kloster zu einer prachtvollen Residenz ausgebaut, mit dem einmaligen Südportal, dem Prachtfenster an der Westseite und dem im palladianischen Stil errichteten Kreuzgang.

Bom Jesus do Monte, Braga
(unten)

Mit dem Bau des auf einem Hügel vor Braga gelegenen Heiligtums wurde 1722 begonnen. Trotz der einmaligen Silhouette ist es weniger die Kirche als die zu ihr hinaufführende Treppenanlage, die den Ruhm der Anlage ausmacht. Im Zickzack erstreckt sich die fantastische Konstruktion den Berghang hinauf, deren Dramatik durch die immer prächtiger werdende Ornamentierung noch gesteigert wird.

Casa da Música, Porto
(oben rechts)

Wie ein gewaltiger polygonaler Kristall aus weißem Beton erhebt sich das städtische Konzerthaus an der Rotunda da Boavista. Das Projekt stammt aus dem Jahr 2001, als Porto europäische Kulturhauptstadt war. Rem Koolhaas (* 1944) konzipierte das große, unregelmäßige Vieleck, das im April 2005 eingeweiht wurde. Der Bau ist einer der aufsehenerregendsten Monumente der zeitgenössischen Architektur.

Mosteiro de Santa Maria, Alcobaça *(oben links)*

Das zu den größten Zisterzen gehörende Kloster ist seit 1989 Weltkulturerbe. Es wurde 1153 gegründet, besitzt die größte Kirche Portugals und war für lange Zeit das geistige Zentrum des Landes. Die Kirche mit ihrem Chor von bemerkenswerter Eleganz ist wohl die erste Hallenkirche der Zisterzienser. Auch die Konventgebäude und der mittelalterliche Kreuzgang sind baukünstlerisch herausragend.

Mosteiro de Santa Maria da Vitória, Batalha *(unten)*

Seit 1985 gehört das vom 14. bis ins 16. Jahrhundert entstandene ehemalige Dominikanerkloster zum Weltkulturerbe. Die Kirchenfassade ist mit feinstem Maßwerk überzogen und birgt einen der steilsten Kirchenräume der Welt. Die beiden Grabkapellen, in denen u. a. Heinrich der Seefahrer (1394–1460) beigesetzt ist, sind von höchster baukünstlerischer Qualität, ebenso der einmalige Kapitelsaal mit seinem Sterngewölbe.

Palácio Nacional da Pena, Sintra (oben)

Dieses fantastische, kunterbunte Märchenschloss wurde nach 1830 von Wilhelm Ludwig von Eschwege (1777–1855) als königliche Sommerresidenz errichtet und gilt allgemein als das Neuschwanstein Portugals. Dem Baumeister wurden keine Grenzen gesetzt, und dieser komponierte hier mutig sämtliche Baustile, die man in Portugal jemals gesehen hat. Seit 1995 gehört das Schloss samt Parkanlage zum Weltkulturerbe.

Mosteiro dos Jerónimos, Lissabon *(oben links)*

1496 stiftete König Manuel I. (1469–1521) das Kloster, das zu einer Demonstration seines Reichtums und zur Grablege Vasco da Gamas (um 1469–1524) werden sollte. Die Pfeiler der 92 m langen Hallenkirche sind mit Renaissanceornamenten bedeckt. Höhepunkt der manuelinischen Zierfreude ist der Kreuzgang, der den Weltruhm des Klosters im Lissabonner Stadtteil Belém begründet hat.

Torre de Bélem, Lissabon *(oben rechts)*

Der 1515–1521 errichtete Leuchtturm gehört zu den Wahrzeichen Portugals und zu den wenigen Zeugnissen des manuelinischen Stils, die das große Erdbeben von 1755 überstanden haben. Das trotz seiner Wehrhaftigkeit erstaunlich zierlich wirkende, mit vielen maurischen und orientalischen Details ornamentierte Schutzsymbol der Seefahrer gehört seit 1993 zum Weltkulturerbe.

Ponte Vasco da Gama, Lissabon *(unten)*

Diese gewaltige Schrägseilbrücke wurde 1995 begonnen und rechtzeitig zur Weltausstellung 1998 fertiggestellt. Mit 17 158 m Länge ist sie eine der längsten Brücken der Welt und die längste Europas. Insgesamt wurden 145 000 t Stahl und 700 000 m³ Beton verarbeitet, um das den Fluss Tejo überspannende Wahrzeichen des modernen Portugals zu errichten.

Russland

Verklärungskirche, Kischi Pogost *(unten links)*

Die Kischi-Insel im Onega-See birgt einen wahrhaften Schatz an Holzbauten. Insgesamt befinden sich auf Kischi 60 dieser fantastischen Bauwerke (darunter beispielsweise auch Wohngebäude), die allesamt zum Weltkulturerbe gehören. Fantastisch wirkt die 34 m hohe, 1714 erbaute Verklärungskirche mit ihren 22 Zwiebeltürmchen. Das Wunderwerk wurde erbaut, ohne einen einzigen Nagel zu verwenden.

Auferstehungskirche, St. Petersburg *(oben)*

Die farbenprächtige Kirche fällt im Stadtbild von St. Petersburg sofort auf, da sie der einzige Sakralbau ist, der sich nicht an italienischen oder klassizistischen westlichen Baustilen orientiert. 1883–1912 von Alfred Parland (1842–1919) errichtet, folgt der Bau der Moskauer Basilius-Kathedrale und ist ein Musterbeispiel des „Neuen Stils", einer russischen Ausprägung des Jugendstils mit seinen spielerischen Elementen.

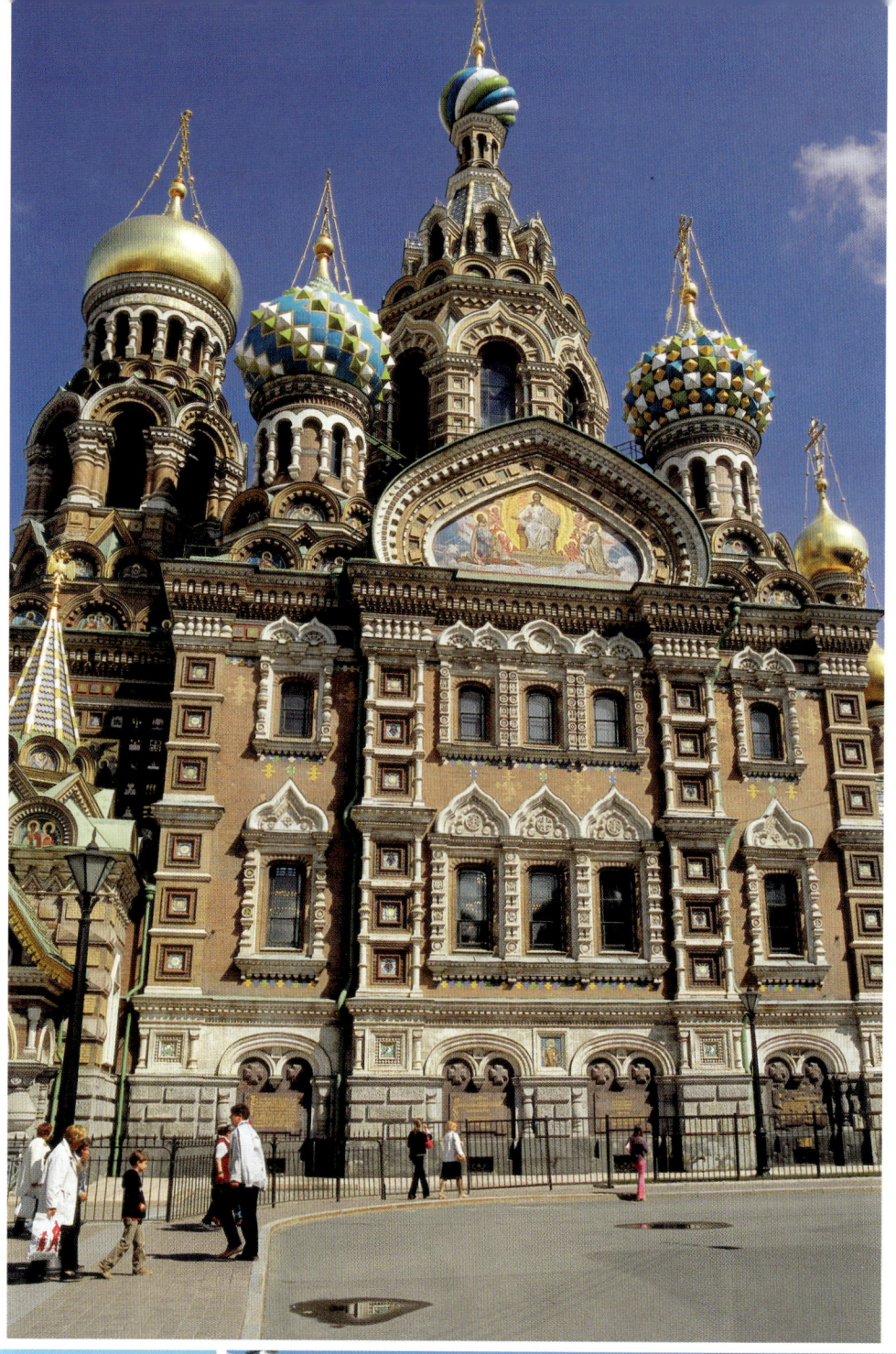

Peterhof, St. Petersburg
(linke Seite unten rechts)

Die riesige, prachtvolle Palastanlage, „russisches Versailles" genannt, birgt einen wahren Schatz an Bauwerken und wunderbaren Gärten sowie Wasserspielen. Der Große Palast mit einer Fassadenlänge von 268 m und seiner vorgelagerten Großen Kaskade, erbaut ab 1714, sowie die beiden Lustschlösschen Monplaisir und Marly stechen aus dem Ensemble hervor.

Palast, Pawlowsk
(oben)

Das einzigartige klassizistische Schloss wurde Ende des 18. Jahrhunderts von Charles Cameron (um 1743–1812) auf einer leichten Anhöhe erbaut. Malerische Gärten, Gewässer und Wälder sowie Pavillons, künstlich geschaffene Bassins und Skulpturen schmeicheln dem Gesamteindruck des innen wie außen edlen Palastes. 1990 wurde das gesamte Areal in die Liste des UNESCO-Welterbes aufgenommen.

Altstadt, Jaroslawl
(unten)

Seit 2005 zählt Jaroslawl zum Welterbe der UNESCO. Die 1024 gegründete Stadt nennt zahlreiche Klosteranlagen und Kirchen ihr Eigen, darunter das Kloster der Verklärung Christi, ein Beispiel altrussischer Architektur aus dem 12. Jahrhundert. Die Erlöserkathedrale, erbaut ab 1516, ist im Inneren mit wertvollen Fresken ausgestattet. Das älteste Theater des Landes erstrahlt in barocker Pracht.

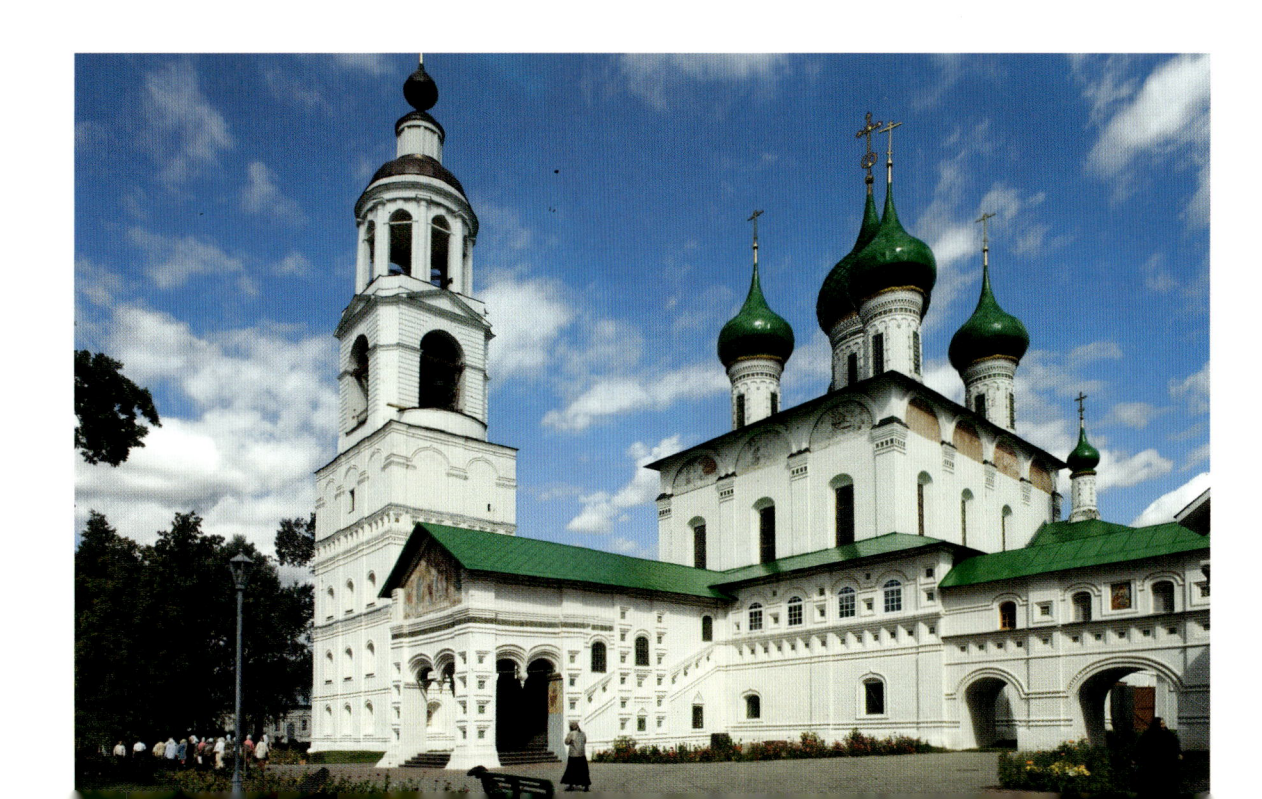

Dreifaltigkeitskloster, Sergijew Possad *(oben)*

Das zu den bedeutendsten Zentren der russisch-orthodoxen Kirche zählende Kloster wurde 1340 gegründet und gehört seit 1993 zum Weltkulturerbe. Der wie eine Burg wirkende Komplex beherbergt insgesamt neun Kirchen. Die älteste, die Dreifaltigkeitskathedrale, ist wegen ihrer Ikonen weltberühmt. Die Mariä-Himmelfahrt-Kathedrale mit ihren fünf Kuppeln ist das Wahrzeichen des Klosters.

Basiliuskathedrale, Moskau *(unten links)*

1555 wurde das heutige märchenhafte Bauwerk anstelle der ursprünglichen Holzkirche am Roten Platz errichtet. Die Kirche aus rotem Backstein mit ihren neun verschieden gestalteten Kuppeln ist Wahrzeichen Moskaus. Der Bau hat einen achtstrahligen sternförmigen Grundriss, die Hauptkirche – das Bauwerk besteht aus neun einzelnen Kirchen – ist viereckig und verjüngt sich nach oben in den achteckigen Turm.

Kreml und Roter Platz, Moskau *(unten rechts)*

Zwischen 1485–1495 wurden die bis zu 19 m hohe Mauer und die einzigartigen Türme des Kreml erschaffen. Die sogenannte Nekropole an der Kremlmauer beherbergt die Leichen Stalins und Breschnews sowie die Urnen weiterer Berühmtheiten. Der Rote Platz mit seinen Ausmaßen von 500 x 150 m wird vom Kaufhaus GUM, dem Kreml, der Basiliuskathedrale und dem Historischen Museum begrenzt.

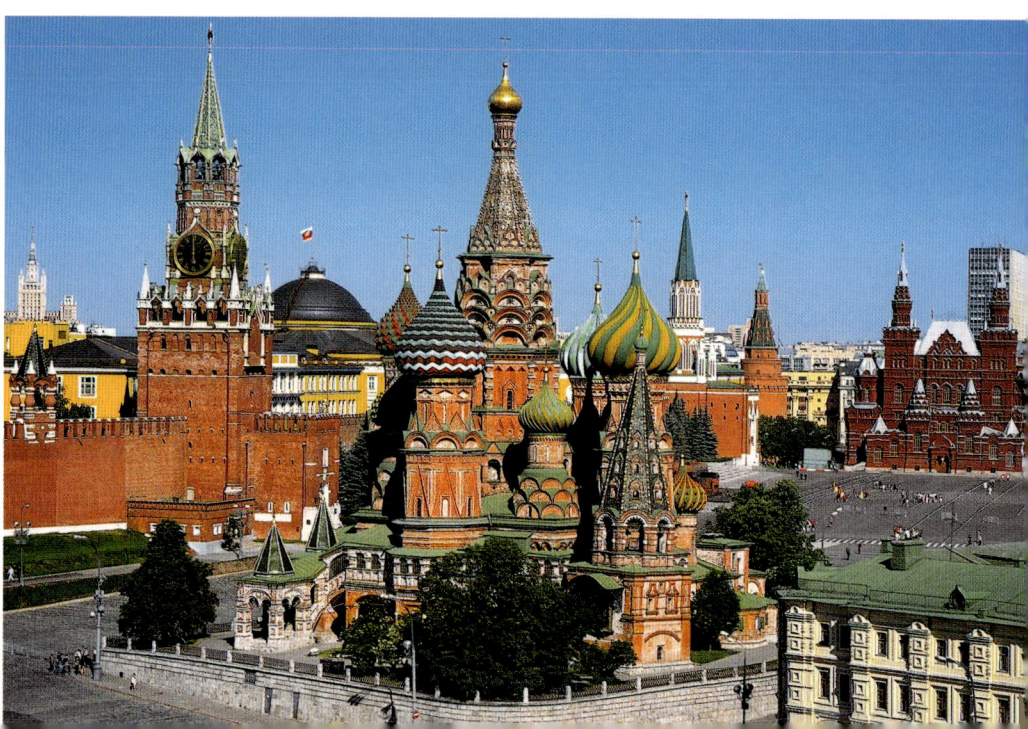

Metro, Moskau *(oben)*

Die prachtvollen Stationen der Moskauer U-Bahn, die sogenannten „Paläste des Volkes", sind alle auf individuelle Weise gestaltet und wurden von Stalin selbst ab 1930 beauftragt. Mosaike, Marmor, Skulpturen und wertvolle Kronleuchter schmücken die Stationen. Eine der faszinierendsten Hallen, die Station Komsomolskaja, ist in ihrem Mittelbahnsteig mit mosaikreichen Stuckgewölben ausgestattet.

Staatliche Universität, Moskau *(unten)*

Die größte Universität Russlands, die Lomonossow-Hochschule, ist ein 1755 gegründetes monumentales Bauwerk mit 240 m Höhe und damit das höchste Hochhaus der sogenannten „Sieben Schwestern" im Zuckerbäckerstil des Stalinismus. Lew Rudnew (1885–1956) erbaute das Gebäude im Stil des sozialistischen Klassizismus. Der Turm selbst trägt eine Reihe Heldenfiguren und den 12 t schweren roten Stern.

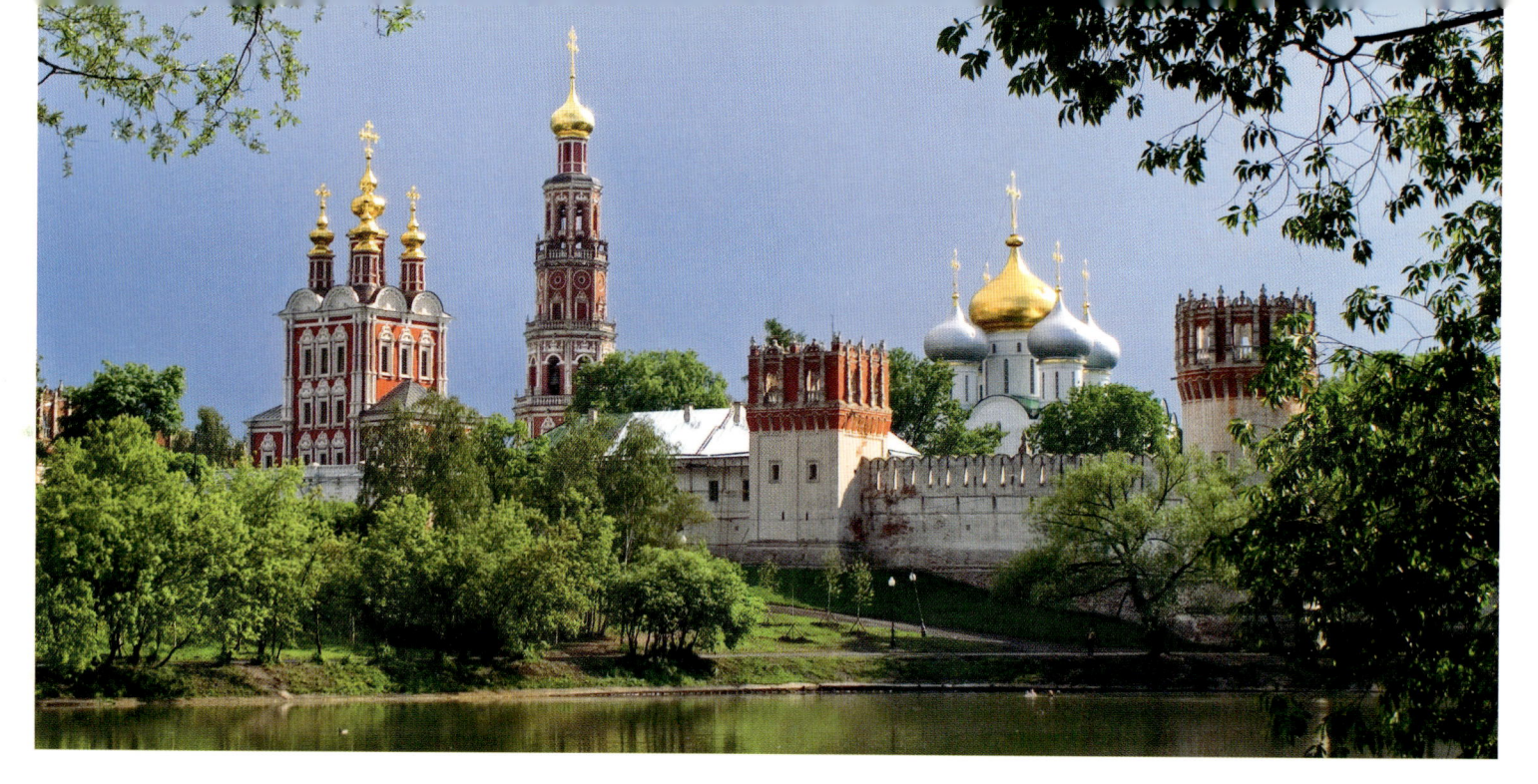

Nowodewitschi-Kloster, Moskau *(oben)*

Das Neujungfrauenkloster wurde 1524 gegründet, 1611 zerstört und kurz darauf wieder aufgebaut. Es zählt als eines der berühmtesten Klöster Russlands seit 2004 zum Weltkulturerbe. Hauptsehenswürdigkeit ist die Smolensker Kathedrale, eine im Gründungsjahr errichtete Kreuzkuppelkirche mit hochberühmten Ikonen. Aus dem 17. Jahrhundert stammen etliche Gebäude, die im Moskauer Barockstil errichtet wurden.

Mariä-Himmelfahrtskathedrale, Wladimir *(unten links)*

Das Wahrzeichen Wladimirs ist die einzigartige Uspenski-Kathedrale, die seit 1992 zum Weltkulturerbe gehört. 1158–1160 wurde sie erstmals als Sitz des Bischofs und des Fürsten errichtet und im 12. Jahrhundert weiter ausgebaut. So entstand ein beeindruckendes Bauwerk mit weißen Mauern und insgesamt fünf goldenen Kuppeln, das jahrhundertelang als Prototyp für viele orthodoxe Kathedralen diente.

Auferstehungskirche, Kolomenskoje *(unten rechts)*

Die Weiße Säule von Kolomenskoje: 63 m misst der hohe Turm der 1532 aus Stein erbauten zeltartigen Kirche. Über dem kreuzförmigen Erdgeschoss erhebt sich der oktogonale Aufbau mit Haube. Der sakrale Bau, der der ersehnten Geburt Iwan des Schrecklichen im Jahr 1530 gedenkt, bezeugt den Bruch mit der byzantinischen Bautradition. Seit 1994 ist das einzigartige Bauwerk auf der Liste des Weltkulturerbes.

Sophienkathedrale, Weliki Nowgorod *(oben)*

Prinz Wladimir II. Holti (1020–1052) erbaute diese wunderschöne Kirche, die mitten im Nowgoroder Kreml steht, um 1052 im russisch-orthodoxen Stil. Fünf Kuppeln, davon die größte mit Blattgold überzogen, schmücken die Kreuzkuppelkirche mit ihren drei Apsiden. Der weiße Sakralbau besitzt im Inneren bemerkenswerte Fresken aus dem 11. und 19. Jahrhundert.

Kreml, Susdal
(unten)

Das einzigartig Museumsstädtchen Susdal gehört zu den besterhaltenen altrussischen Ortschaften überhaupt. Hochberühmt ist der seit 1992 zum Weltkulturerbe gehörende Kreml aus dem 10. Jahrhundert mit der Muttergottes-Geburtskathedrale. Die Kirche mit ihren weithin sichtbaren fünf blauen Kuppeln wurde erstmals 1222–1225 errichtet und später mehrmals auf- und umgebaut.

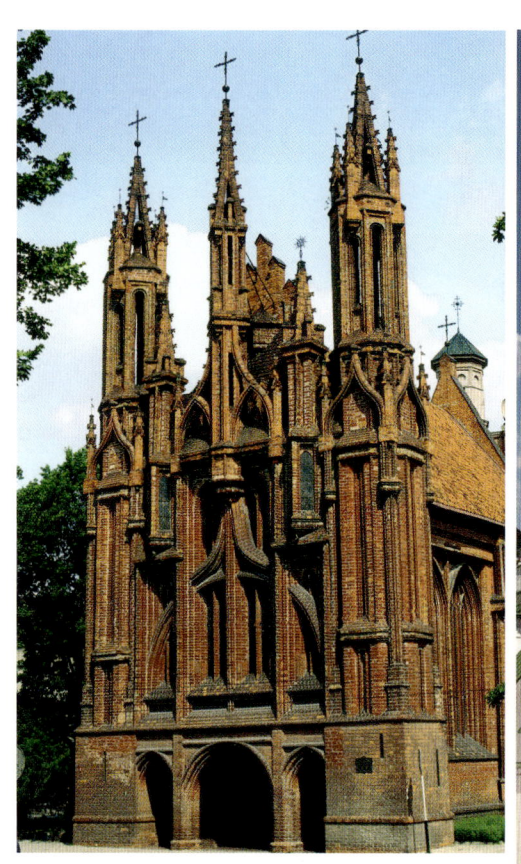

Litauen

St.-Annen-Kirche, Vilnius
(oben links)

Die um 1500 errichtete Annenkirche gehört wie die gesamte Altstadt seit 1994 zum Weltkulturerbe. Der Bau ist eine aus mitteleuropäischer Sicht äußerst interessante, exotische Schöpfung. Besonders die fantastische Fassade, die auf höchst künstlerische Weise Elemente der Backsteingotik mit der Flamboyantgotik vereint, sucht in Europa ihresgleichen.

Ukraine

Höhlenkloster, Kiew *(unten)*

Um 1050 schuf der Mönch Antonij über dem Fluss Dnepr eine erste künstliche Höhle, die wichtigste Sehenswürdigkeit Kiews in ihrer heutigen Gestalt entstammt aber dem frühen 18. Jahrhundert. Besondere Bedeutung haben die Dreifaltigkeitskirche sowie die Allerheiligenkirche und die ursprünglichen Katakomben mit unterirdischen Kirchen und Wohnzellen und den mumifizierten Leichnamen Hunderter von Mönchen.

Polen

Sophienkathedrale, Kiew
(linke Seite oben rechts)

Die wichtigste Kirche der Ukraine und eines der bedeutendsten Bauwerke europäisch-christlicher Kultur wurde 1037 begonnen. Die fünfschiffige Kreuzkirche erhielt erst 1685–1707 ihre heutige Gestalt: Die Hauptkuppel und die zwölf kleinen Kuppeln symbolisieren Jesus und seine Jünger, wertvolle Fresken und wunderschöne Mosaiken verzieren das monumentale byzantinische Bauwerk.

Altstadt, Warschau
(oben)

Das im Zweiten Weltkrieg zerstörte Zentrum Warschaus wurde nach dem Krieg so originalgetreu wie möglich wieder aufgebaut. Auch das alte Königsschloss, das bedeutendste Symbol des selbstständigen Polens, entstand in dieser Zeit neu. Man sieht es ihm nicht an, aber das historische Zentrum ist die jüngste Altstadt der Welt und darüber hinaus seit 1980 Weltkulturerbe.

Ordensburg Marienburg
(unten)

Der ehemalige Hauptsitz des Deutschen Ordens bei Malbork ist eine der größten Burg- und Klosteranlagen der Welt. 1274 begonnen, avancierte die Burg im 19. Jahrhundert zum deutschen Nationalheiligtum, wurde im Zweiten Weltkrieg schwer zerstört und 1961–1978 mustergültig rekonstruiert. Höhepunkt ist der Hochmeisterpalast mit den beiden spätgotischen Prunkräumen.

Rathaus, Toruń
(oben links)

Das gotische Rathaus zählt zu den prachtvollsten mittelalterlichen Profanbauten Polens. Es wurde im 13. Jahrhundert errichtet und bis zur Barockzeit mehrfach umgebaut. Charakteristisch sind die Ecktürmchen und der 40 m hohe Turm. Das Rathaus fungierte als Vorbild für das Rote Rathaus in Berlin und gehört zusammen mit der gesamten Altstadt seit 1997 zum Weltkulturerbe.

Jahrhunderthalle, Breslau
(oben rechts)

Der 1911–1913 von Max Berg (1870–1947) erbaute Stahlbetonbau gehört seit 2006 zum Weltkulturerbe. Die Kuppel mit einem Durchmesser von 65 m war zur Erbauungszeit die größte der Welt und ein Meilenstein der modernen Architektur. Berg schuf einen Bau ohne jedes Dekorationselement und stellte damit die ästhetischen Ansprüche des Historismus an einen repräsentativen Raum auf den Kopf.

Wawel, Krakau
(unten)

Die ehemalige Residenz der polnischen Könige liegt hoch über dem Weichselufer und gehört zusammen mit der Altstadt Krakaus seit 1978 zum Weltkulturerbe. Das 1506–1548 errichtete Schloss zählt zu den prächtigsten Renaissancebauwerken Europas. Neben vielen anderen Kunstwerken ist die Wawelkathedrale, in der die polnischen Könige gekrönt wurden, die Hauptattraktion Krakaus.

Marienkirche, Krakau
(oben)

Die im 13. Jahrhundert gestiftete Kirche ist eines der Wahrzeichen Krakaus und ein klassisches Beispiel gotischer Architektur in Polen. Das Bauwerk mit den unterschiedlichen Türmen beherbergt eines der größten Meisterwerke der gotischen Kunst: den 1477–1489 von Veit Stoß (um 1447–1533) geschaffenen Marienaltar. Mit 13 x 11 m ist er der größte mittelalterliche Altar Europas.

Tuchhallen, Krakau
(unten)

Der Krakauer Hauptmarkt ist einer der größten Plätze Europas. An ihm befinden sich die weltberühmten Tuchhallen. Das 1358 errichtete und später ergänzte, über 100 m lange Gebäude strahlt noch heute den Glanz des ehemaligen Zentrums internationalen Handels aus und ist Europas bekanntester und besterhaltener mittelalterlicher Umschlag- und Lagerplatz für Textilien.

Tschechien

Veitsdom, Prag *(oben)*

1344 begannen die Arbeiten an der neuen Kathedrale: Der erste Baumeister war Matthias von Arras (1290–1352), der einen recht herkömmlichen Bau geplant hatte. Nach dessen Tod übernahm jedoch der erst 23-jährige Peter Parler (um 1330–1399) die Leitung und revolutionierte die Baukunst. Er entwickelte unter anderem das Netzgewölbe, Gewölbe mit Abhänglingen, ein neuartiges Triforium und atemberaubende Maßwerkformen.

Wladislawsaal, Prag *(unten)*

1493–1502 errichtete Benedikt Ried (um 1454–1534) in der Prager Burg für König Wladislaw II. Jagiello diesen 62 x 16 m messenden Riesensaal und schuf damit den bedeutendsten mittelalterlichen Profanraum nördlich der Alpen. Das einzigartige, bis auf den Boden herabreichende Schlingrippengewölbe ist ein letzter Glanzpunkt der Spätgotik, während die Portale und die Fenster schon die neuen Formen der Renaissance zeigen.

Prager Burg (oben)

Die Prager Burg auf dem Hradschin blickt auf eine 1000-jährige künstlerische und politische Geschichte zurück. Sie bildet das größte zusammenhängende Burgareal der Welt, allein die Frontseite ist einen halben Kilometer lang. 925 wurden die ersten Bauten errichtet, unter Kaiser Karl IV. kam der St.-Veits-Dom hinzu, und Königin Maria Theresia brachte zudem einen Hauch Wiener Glanzes nach Prag.

Altstädter Ring, Prag (unten)

Der Altstädter Ring bildet den Mittelpunkt der Altstadt und ist eine der bedeutendsten Platzanlagen der Welt. In seiner langen Geschichte sind so berühmte Bauten wie das Rathaus, die Teynkirche und das Kinsky-Palais entstanden. Der Abriss von zwei Häusern an der nordwestlichen Seite bedeutete die Durchbrechung der architektonischen Grenzen des Platzes und öffnete den Blick auf die barocke St.-Nikolaus-Kirche.

Karlsbrücke, Prag
(oben links)

Erst die Möglichkeit, die Moldau zu überqueren, machte aus Prag jene bedeutende Stadt, die es über Jahrhunderte bleiben sollte. Die 1357 begonnene, 10 m breite und 520 m lange Karlsbrücke, die sich auf 16 Bögen über den Fluss spannt, gehörte zu den berühmtesten Bauten des mittelalterlichen Europa und bildet mit ihren 30 Heiligenstatuen noch heute eine der Hauptsehenswürdigkeiten der Goldenen Stadt.

Tanzendes Haus, Prag
(rechte Seite)

Das 1992–1996 von Frank O. Gehry (* 1929) und Vlado Milunić (* 1941) errichtete wild bewegte Bürogebäude überrascht Betrachter immer wieder. Es ist ein Symbol der politischen Wende des Jahres 1989 und erinnert an das Bild eines Tänzers, der eine Dame mit gläsernem Faltenkleid im Arm hält. Daher rührt auch sein Zweitname „Ginger und Fred" (nach den Tanzpartnern Ginger Rogers und Fred Astaire).

Historisches Zentrum, Český Krumlov *(oben rechts)*

Wer den idyllischen Ort Krumau mit seinen verwinkelten Gassen, den Renaissance- und Barockhäusern und dem prächtigen Schloss- und Burgkomplex in seiner herrlicher Lage im Moldautal einmal mit eigenen Augen gesehen hat, wird die Aufnahme in die Liste des Weltkulturerbes (1992) bestens verstehen. Das einmalige Ensemble ist heute auch unter der Bezeichnung „Venedig an der Moldau" bekannt.

St. Johannes von Nepomuk auf Zelená Hora, Žďár nad Sázavou *(unten)*

Johann Blasius Santini-Aichl (1677–1723) schuf unter Verwendung von gotischen und barocken Stilformen einen in Europa einmaligen Baustil. Der typisch expressiv-dynamische Charakter seiner Bauten und der Symbolismus seiner Grundrisse kommt in der 1719–1722 errichteten Wallfahrtskirche exemplarisch zum Ausdruck. Die fantastisch bizarr wirkende Anlage gehört seit 1994 zum Weltkulturerbe.

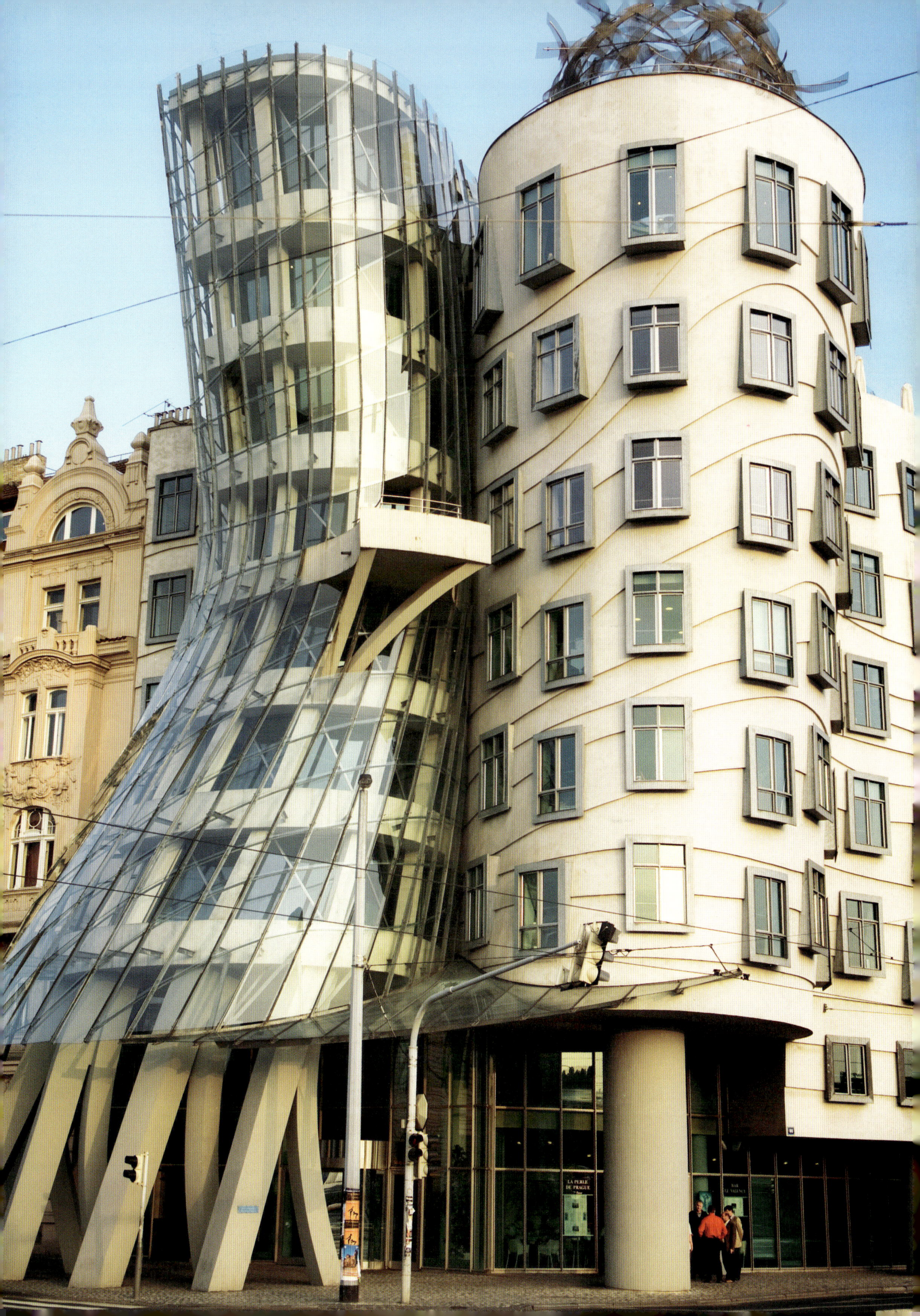
LA PERLE
DE PRAGUE

Schloss, Litomyšl (oben)

Das von 1568–1581 durch die Brüder Giovanni Battista (um 1510–1575) und Ulrico (um 1521–1597) Aostalli errichtete ist eines der bedeutendsten Renaissancedenkmäler Tschechiens und seit 1999 Weltkulturerbe. Obwohl der Bau während der Barockzeit umgestaltet wurde, hat er sein ursprüngliches Aussehen weitgehend erhalten. Einzigartig ist die berühmte Sgrafittoverzierung der Giebel und Fassaden.

Villa Tugendhat, Brünn (unten)

Seit 2001 gehört dieser Meilenstein moderner Architektur zum Weltkulturerbe. Ludwig Mies van der Rohe (1886–1969) schuf dieses Juwel funktionalistischer Baukunst 1929/30. Stahlskelettstützen ermöglichten einen frei wählbaren Grundriss. In keinem anderen Bau hat Mies seine Maxime „Einfachheit der Konstruktion, Klarheit der tektonischen Mittel und Reinheit des Materials" so konsequent umgesetzt.

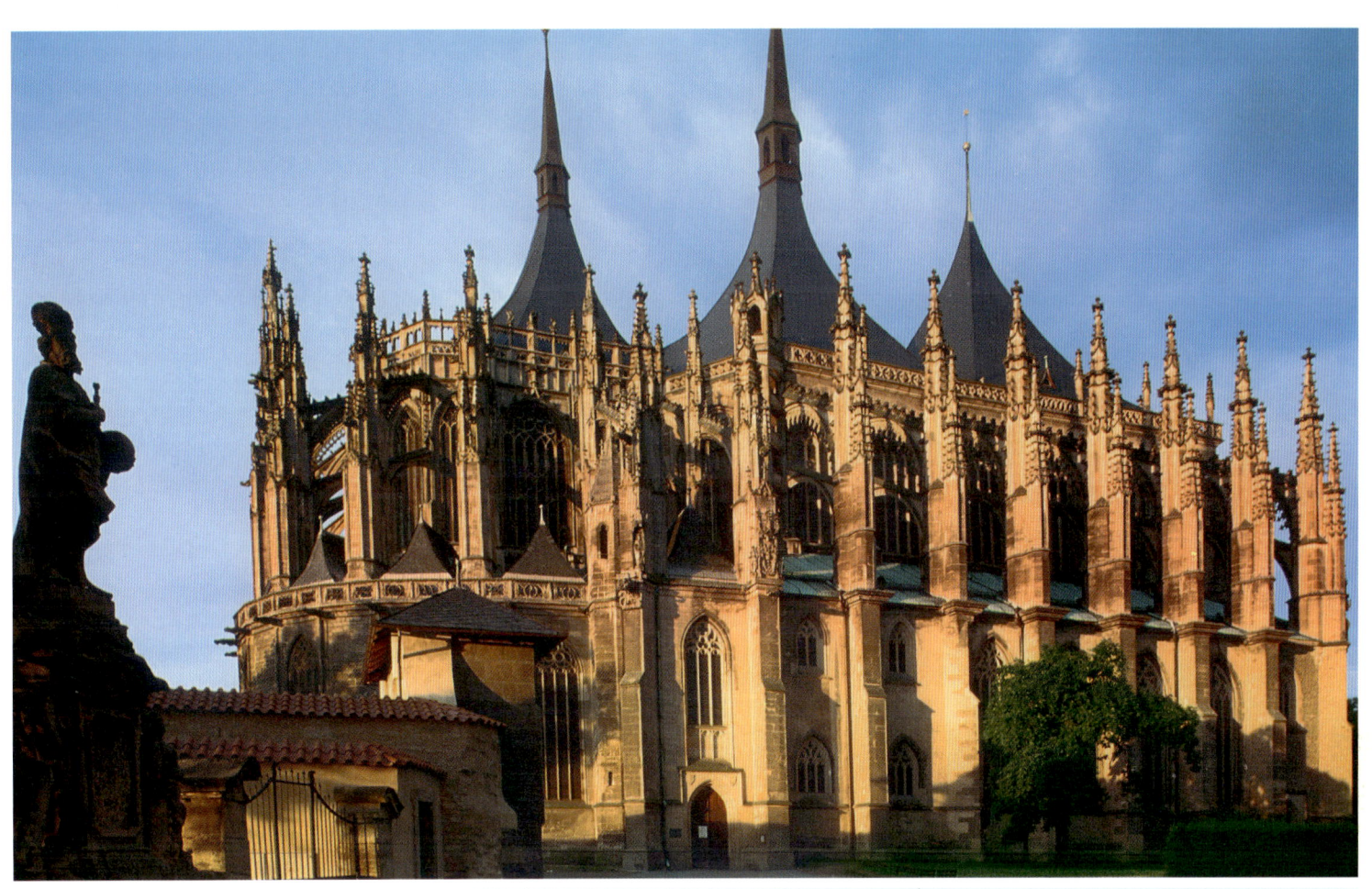

St. Barbara, Kutná Hora (oben)

Der Dom der heiligen Barbara ist einer der außergewöhnlichsten Sakralbauten der Gotik. 1388 von Johann Parler (um 1359–1405), dem Sohn des berühmten Peter Parler, begonnen, wurde sie von Benedikt Ried (um 1454–1534) weitergeführt. In der fünfschiffigen Emporenhalle findet sich ein einzigartiges Bogenrippengewölbe, das zusammen mit dem einmaligem Strebewerk des Außenbaus den Rang dieser Kirche ausmacht.

Erzbischöfliches Schloss, Kroměříž (unten)

Kremsier war über Jahrhunderte hinweg Residenz und Zentrum religiöser und weltlicher Macht der Bischöfe von Olmütz. Nach den Zerstörungen im Dreißigjährigen Krieg wurde das Schloss ab 1686 nach Entwürfen der Wiener Filiberto Lucchese (1606–1666) und Giovanni Pietro Tencalla (1629–1702) neu errichtet. Die einzigartige Verbindung von Schloss- und Gartenarchitektur führte 1998 zur Aufnahme in die Liste des Weltkulturerbes.

Slowakei

Burg, Zips
(oben)

Die größte Burg Mitteleuropas thront auf einem 634 m hohen Kalkfelsen. Sie diente bereits den Kelten als Zentrum, wurde im 12. Jahrhundert im Renaissance-Stil umgebaut und im 15. Jahrhundert auf ihre heutige Größe erweitert. Seit 1993 zählt die Ruine, die einen hochinteressanten Einblick in die Burgarchitektur vom 12. bis ins 18. Jahrhundert gewährt, gemeinsam mit dem Städtchen Kirchdrauf zum Weltkulturerbe.

Ungarn

Mariä-Himmelfahrtsbasilika, Esztergom *(Mitte)*

Die größte Kirche Ungarns und zugleich das katholische Zentrum des Landes ist im Stil des Klassizismus erschaffen und wurde 1856 mit einer von Franz Liszt komponierten Festmesse eingeweiht. Wie ein Rundtempel wirkt das prachtvolle Bauwerk, das von einer 72 m hohen Kuppel überragt wird. Die mittelalterliche Bakóczkapelle des ursprünglichen St. Adalbert-Doms wurde dem heutigen Bau angefügt.

Kettenbrücke, Budapest
(unten)

Zwischen 1839–1849 wurde in Budapest die erste die Donau überspannende Kettenbrücke in Auftrag gegeben. William Tierny Clark (1738–1852) und Adam Clark (1811–1866) errichteten das 375 m lange klassizistische Bauwerk, das an den zwei 48 m hohen triumphbogenartigen Pfeilern verankert ist. Jeweils zwei mächtige, vom Bildhauer János Marschalkó (1818–1877) gestaltete Löwen „bewachen" die Brücke an den Uferseiten.

Burgviertel, Budapest
(oben)

Das malerisch über der Stadt gelegene Burgviertel hat eine bewegte Geschichte hinter sich. Der Burgpalast selbst wurde häufig zerstört und wieder errichtet. Daneben bieten heute die neuromanische Fischerbastei, die prächtige Nationalgalerie, die gotische Matthiaskirche und die herrlichen Barockbauten der Herrengasse dem Besucher ein reiches kunsthistorisches Angebot.

Parlamentsgebäude, Budapest
(unten)

Ehrwürdige Repräsentationsräume und prächtige Treppenhäuser bietet das 268 m lange und 96 m hohe Prachtbauwerk an der Donau. 88 Statuen ungarischer Herrscher schmücken die Fassade eines der größten Parlamentsgebäude der Welt, zahlreiche Türmchen und Giebel bezeugen den neugotischen Baustil des Fin de siècle. Das Innere ist von historischem Klassizismus geprägt.

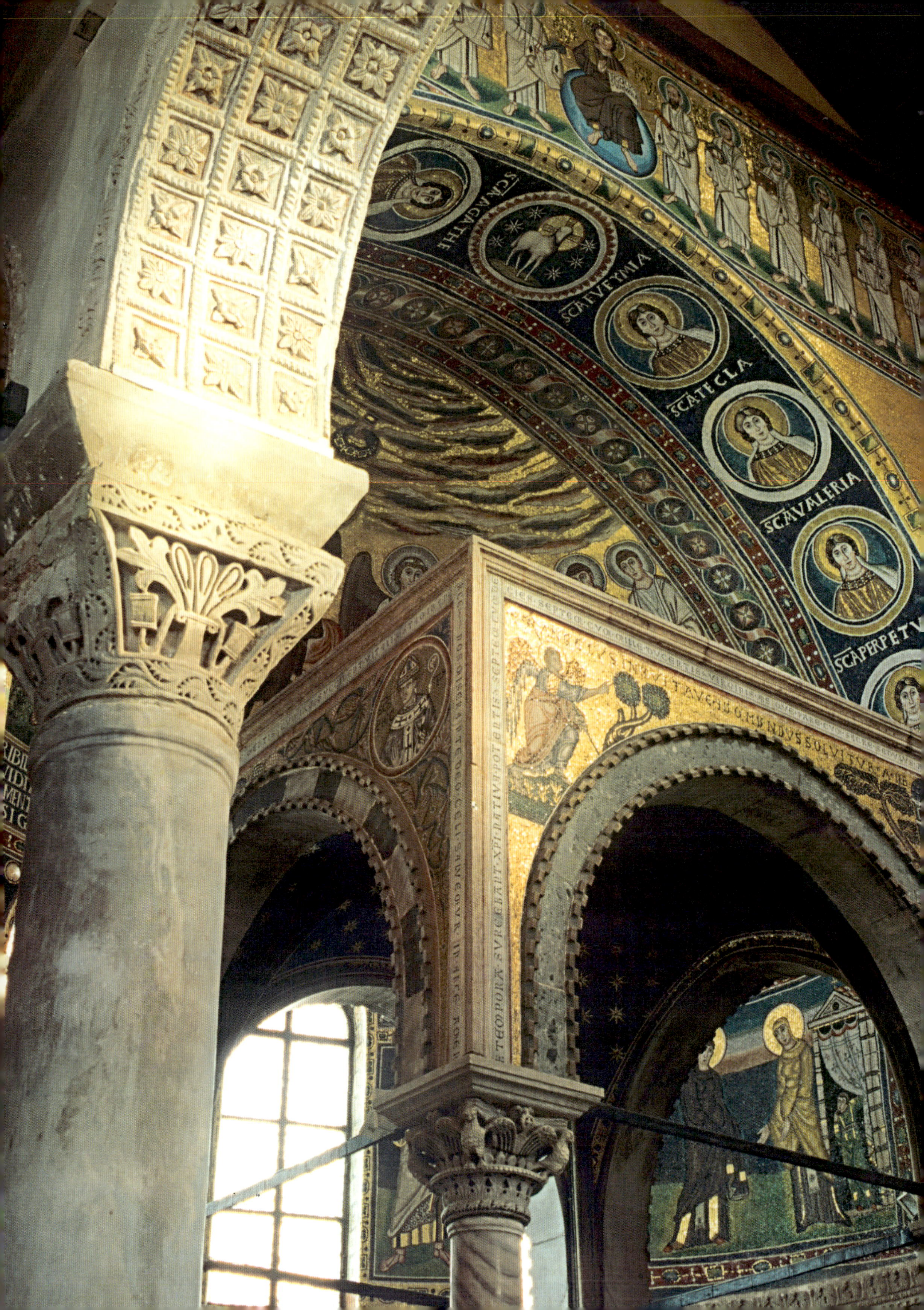
SCA TECLA
SCA VALERIA

Kroatien

Altstadt, Dubrovnik
(oben)

Dubrovnik, dessen gesamte Altstadt 1992 in die Liste des Weltkulturerbes aufgenommen wurde, zählt zu den malerischsten Städten des Mittelmeerraums. Die enormen während des kroatischen Unabhängigkeitskrieges entstandenen Schäden sind heute weitgehend behoben. Die autofreie Altstadt wird vom größten Verteidigungssystem Europas umschlossen, einer 1940 m langen Stadtmauer.

Euphrasius-Basilika, Poreč
(linke Seite)

Die 553–564 von Bischof Euphrasius auf den Grundmauern einiger Vorgängerbauten errichtete dreischiffige Basilika gehört seit 1997 zum Weltkulturerbe. Die weitgehend original erhaltene Kirche ist eines der wichtigsten Zeugnisse byzantinischer Baukunst im Adriaraum. Hochbedeutend sind die Stein- und Perlmuttinkrustationen im Chor, die Boden- und die prächtigen Apsismosaiken.

Diokletianspalast, Split
(unten rechts)

Der riesige Palast, den Kaiser Diokletian (um 240–313) um 300 n. Chr. erschaffen ließ, war das Zentrum der antiken Stadt, die seit 1979 zum Weltkulturerbe zählt. Als Split im 7. Jahrhundert bedroht wurde, flüchteten die Einwohner in den 30 000 qm großen, stark befestigten Palast und errichteten dort etwa 250 Häuser, die heute noch stehen und den besonderen Reiz dieser Anlage ausmachen.

Serbien

Kloster Studenica
(unten links)

Das berühmteste serbische Kloster wurde im 12./13. Jahrhundert erbaut und zeigt eine Mischung von romanischen und byzantinischen Stilelementen. Drei Kirchen, darunter die aus weißem Marmor erbaute Muttergotteskirche mit ihrer beeindruckenden Vierungskuppel, und das Refektorium zählen zum Klosterkomplex. Die Marienfresken aus dem frühen 13. Jahrhundert sind einzigartig.

Rumänien

Holzkirchen in der Maramureş
(oben)

45 der insgesamt 60 Holzkirchen aus der Region Maramureş befinden sich in Rumänien, acht davon gehören als typische Vertreter der nordrumänischen Sakralarchitektur seit 1999 zum Weltkulturerbe. Wegen eines Verbotes, orthodoxe Kirchen aus Stein zu errichten, wurden diese einzigartigen Bauwerke aus verschiedenen Epochen mit ihren schlanken Glockentürmen aus Holz geschaffen.

Moldauklöster in der Bukowina
(Mitte)

Die sieben Klöster in Arbore, Humor, Moldoviţa, Pătrăuţi, Probota, Suceava und Voroneţ gehören seit 1993 zum Weltkulturerbe. Die im 15./16. Jahrhundert errichteten Bauten sind einzigartig in Europa, und die Fresken an den Außenwänden gehören inhaltlich und formal zu den Meisterwerken byzantinischer Kunst. Sie sollten dem einfachen Volk – einem Bilderbuch gleich – Geschichten und Botschaften der Bibel nahebringen.

Bulgarien

Kloster Rila
(unten)

Die im 10. Jahrhundert von dem Mönch Iwan Rilski (876–946) gegründete Anlage ist eines der größten orthodoxen Klöster weltweit und seit 1983 Weltkulturerbe. Im Verlauf der Türkenherrschaft wurde das Bauwerk zerstört, ab 1816 begann der Wiederaufbau. Auch heute ist das Kloster noch eine Hochburg geistigen und kulturellen Lebens in Bulgarien.

Griechenland

Metéora-Klöster
(oben)

Flüsse haben die Landschaft so ausgewaschen, dass bis zu 300 m hohe bizarre Felsnadeln entstanden sind, auf denen ab dem 14. Jahrhundert insgesamt 24, ursprünglich nur äußerst schwer zugängliche Klöster errichtet wurden. Diese außergewöhnlichen und weltberühmten Bauten, von denen heute noch sechs bewohnt sind, sind einzigartige Zeugnisse mönchischen Lebens.

Klöster auf dem Berg Athos
(unten)

Seit 1988 gehört der Heilige Berg Athos zum Weltkulturerbe. Die autonome Mönchsrepublik ist das einzige Gebiet der Welt, das ausdrücklich für Frauen verboten ist. Die Geschichte der Klöster geht bis ins Jahr 963 zurück, als das erste der 20 Großklöster gegründet wurde. Hochberühmt sind auch die Malerwerkstätten mit ihrer Jahrhunderte alten Tradition der Ikonenmalerei.

Heiligtum, Delphi
(unten)

Delphi war seit dem 8. Jahrhundert v. Chr. Zentrum des Apollonkultes und Sitz des berühmtesten Orakels der Antike. Die Wahrsagungen der Priesterin Pythia galten als direkte Offenbarungen Apollons. In Delphi reiht sich ein wichtiges Bauwerk an das andere, zu deren berühmtesten der Apollontempel, das Schatzhaus der Athener und der im 4. Jahrhundert v. Chr. errichtete Tholos gehören.

Kloster Hosios Lukas
(rechte Seite Mitte)

Das Kloster wurde im 10. Jahrhundert gegründet, gehört zu den bedeutendsten Klöstern Griechenlands aus byzantinischer Zeit und ist seit 1990 Weltkulturerbe. Die heute noch von Mönchen bewohnte Anlage besteht in ihrem Kern aus zwei Kirchen, eine davon ist die dem heiligen Lukas geweihte Kreuzkuppelkirche mit ihrer freskierten Kuppel und den Mosaiken aus dem 11. Jahrhundert.

Odeon des Herodes Atticus, Athen *(rechte Seite oben)*

Das um 160 n. Chr. vom berühmten römisch-griechischen Redner, Philosophen und Politiker Herodes Atticus (um 101–177) in Auftrag gegebene Odeon galt einst als das schönste Theater Griechenlands. Die 32 in den Fels geschlagenen Sitzreihen sind komplett mit Marmor verkleidet und waren ursprünglich überdacht. Noch heute kann man hier antike Dramen und Konzerte bestaunen.

EUROPA – Griechenland | 155

Turm der Winde, Athen
(unten)

Der 12 m hohe Turm der Winde ist das besterhaltene antike Bauwerk Athens. Im 1. Jahrhundert v. Chr. wurde der achteckige Turm errichtet, der ursprünglich eine Wasser- und Sonnenuhr beherbergte, die als offizielle Uhr der Stadt Athen diente. Auf jeder Seite des Turms ist ein Relieffries mit der Darstellung eines Windgottes angebracht, daher der Name.

Erechtheion, Athen
(oben)

Der etwa zwischen 420 und 406 v. Chr. erbaute Tempel gehört zu den elegantesten, aber auch zu den ungewöhnlichsten Bauten der Athener Akropolis. Durch seinen asymmetrischen Grundriss genießt er eine Sonderstellung. Weltberühmt ist die nördliche Vorhalle, bei der keine Säulen, sondern steinerne überlebensgroße Frauengestalten, sogenannte Koren, das Dach tragen.

Niketempel, Athen
(unten)

Der Niketempel ist der kleinste Tempel auf der Akropolis und gehört wie die gesamte Anlage seit 1986 zum Weltkulturerbe. Der nur 4,14 x 3,79 m große attisch-ionische Amphiprostylos wurde ab 432 v. Chr. von Kallikrates (um 470–420 v. Chr.) erbaut, von den Türken abgerissen und 1835 wiedererrichtet. Da der Wiederaufbau fehlerhaft war, wurde der Bau 1935 abgetragen und neu errichtet.

Parthenon, Athen
(oben)

Der Pallas Athena Parthenos geweihte Tempel ist eines der berühmtesten Bauwerke der Welt. Die architektonischen Feinheiten des 447–438 v. Chr. von Iktinos (5. Jahrhundert v. Chr.) erbauten Tempels sind legendär. Die Baudekorationen, unter ihnen die weltberühmten Elgin Marbles von Phidias (um 500–432 v. Chr.), befinden sich heute weitgehend im British Museum in London.

Panathinaikon-Stadion, Athen
(unten)

Als kürzlich die neuen sieben Weltwunder gesucht wurden, war das Kallimarmaro in der engeren Auswahl: In dem heute restaurierten Bau wurden 1896 die ersten Olympischen Spiele der Neuzeit ausgetragen. Die hufeisenförmige Anlage (330/329 v. Chr.) war aber schon in antiker Zeit hochberühmt und konnte auf seinen Tribünen aus weißem Marmor 50 000 Zuschauer aufnehmen.

Theater, Epidauros
(oben)

Mit dem Asklepios-Heiligtum und dem antiken Theater bildet Epidauros eine der bedeutendsten Kulturstätten Europas und wurden 1988 zum Weltkulturerbe ernannt. Das um 330 v. Chr. erbaute Theater war mit seinen etwa 15 000 Plätzen das größte des antiken Griechenlands. Besonders berühmt war seine außergewöhnliche Akustik, die auch heute noch von den zahlreichen Touristen getestet wird.

Mykene
(unten)

Das um 1600 v. Chr. gegründete Mykene gehört zu den wichtigsten historischen Stätten im gesamten Mittelmeerraum. Die legendären Ausgrabungen begann Heinrich Schliemann (1822–1890) 1876. Er legte dabei ein Gebiet von etwa 30 000 qm frei und entdeckte unter anderem einen prächtigen Goldschatz, das berühmte Löwentor sowie das hochbedeutende Schatzhaus des Atreus.

Ruinenstadt, Mystras
(oben links)

Vom 13. bis zum 15. Jahrhundert wurde auf dem gleichnamigen Berg eine gewaltige, von zwei Umfassungsmauern umgebene Stadt erbaut. Mystras gehört seit 1989 zum Weltkulturerbe und ist die besterhaltene Stadtanlage aus spätbyzantinischer Zeit. Etliche Klöster und Kirchen stehen noch und beherbergen zu einem großen Teil farbenprächtige Fresken in erstklassigem Zustand.

Stadion, Olympia
(oben rechts)

Spätestens seit 776 v. Chr. wurden im Heiligtum von Olympia die Olympischen Spiele ausgetragen. Für die Dauer der Wettkämpfe herrschte in ganz Griechenland Waffenruhe. Der gewaltige Zeustempel beherbergte mit der Zeusstatue des Phidias (um 500–432 v. Chr.) eines der sieben antiken Weltwunder. Die heutigen Überreste des Stadions stammen überwiegend aus römischer Zeit.

Apollontempel bei Bassae
(unten)

Neben dem Athener Hephaisteion ist der Bau der am besten erhaltene Tempel Griechenlands und gehört seit 1986 zum Weltkulturerbe. Das zwischen 450 und 420 v. Chr. errichtete Gebäude vereinigt die dorische, die ionische und die korinthische Ordnung, wobei letztere hier das erste Mal bei einem Bau erscheint. Seit 1987 ist der Tempel komplett durch ein Zelt geschützt.

AFRIKA UND NAHER OSTEN

FRÜHE HOCHKULTUREN UND GIGANTOMANIE

Afrika und der Nahe Osten nähren so manche romantischen Erzählungen mit ihren märchenhaften Bauwerken, ihren prunkvollen Städten und ihrer lebensfrohen Bevölkerung. Verschiedenste Hochkulturen wie die Ägypter, Sumerer oder die Babylonier haben hier ihren Ursprung. Aus dieser Region stammen die ersten Städte, Regierungen, Gesetzesbücher und Alphabete. Nicht umsonst werden Afrika und der Nahe Osten auch „Wiege der Zivilisation" genannt. Nordafrika ging den Kulturen der Welt voraus: In Ägypten liegen die Anfänge menschlichen Denkens und Handelns; davon zeugen noch die 3000 Jahre alten Pyramiden und ehrwürdige, gigantische Tempelanlagen mit kolossalen Statuen, deren Namen wie Märchen im Ohr klingen: Abu Simbel, Luxor, Gizeh, Theben. Meisterwerke muslimischer Baukunst hingegen finden sich im Irak, im Iran, in Pakistan, der Türkei oder in Syrien. Reich ausgestattete Moscheen in Mekka oder in Istanbul, ehrwürdige Medresen und prunkhafte Paläste wie aus 1001 Nacht erstrahlen im Glanz einer scheinbar längst vergangenen Zeit. Unter weiteren weltbekannten Orten, die die Fantasie Reisender beflügeln dürften, sind Damaskus, Persepolis, Jerusalem oder Petra. Wie Feuer auf Wasser treffen die modernen Schöpfungen der Baukunst, die monströsen Hochhäuser, die künstlichen Inseln, die gigantischen Hotel- und Flughafenanlagen, auf die Mysterien des Orients. Die Vereinigten Arabischen Emirate erschaffen in einem Wettlauf der Technik immer neue, immer höhere, immer fantastischere Bauten. Wo der Weg der Boomtowns mit ihren künstlichen Lebenswelten hinführen wird, ist heute noch nicht absehbar.

Türkei

Selimiye-Moschee, Edirne
(oben links)

1567–1574 wurde die bedeutendste Moschee des großen Baumeisters Sinan (um 1489–1588) im Stil der osmanischen Klassik erbaut und gilt als Leitbild dieser Architekturrichtung. Fast 44 m Höhe misst die von acht Pfeilern getragene stattliche Kuppel, die vier Minarette sind 73 m hoch, und ihre Umgänge können über verschiedene Treppenaufgänge erreicht werden. Der Zentralraum besitzt einen würfelförmigen Grundriss.

Topkapi-Palast, Istanbul
(oben rechts)

1453 wurde mit dem gigantischen Bau des labyrinthartigen Wohn- und Regierungssitzes der osmanischen Sultane begonnen. Bis ins 18. Jahrhundert wurde der Komplex stets erweitert und zeigt in beeindruckender Fülle osmanische Bauweise und Dekoration. Besonders sehenswert ist der elegante Chinili-Kiosk von 1473, der für seine strahlend grün und blau glasierten Iznikfliesen bekannt ist.

Hagia Sophia, Istanbul
(unten)

Die ehemalige Hauptkirche des byzantinischen Reiches wurde im 6. Jahrhundert erbaut, unter den Osmanen 1453 schließlich in eine Moschee verwandelt und wird heute als Museum genutzt. Der gigantische Sakralraum wird von einer 56 m hohen Flachkuppel bekrönt und ist von vier Minaretten umgeben. Der Innenraum des Bauwerks ist mit wunderbaren Mosaiken und farbigem Marmor ausgeschmückt.

Sultan-Ahmed-Moschee, Istanbul (oben)

Das wegen seines Reichtums an blau-weißen Fliesen auch als Blaue Moschee bezeichnete Gotteshaus wurde 1609–1616 von Sinans Schüler Mehmet Ağa (um 1540–1617) erbaut. Sechs Minarette flankieren die mit bunten Glasfenstern, Marmor und wunderbaren Fliesen ausgestattete Moschee. Die 43 m hohe Hauptkuppel liegt in einem Meer von kleinen Halbkuppeln und bietet dem Besucher einen atemberaubenden Anblick.

Süleymaniye-Moschee, Istanbul (unten)

Das Westufer des Goldenen Horns wird von der im 16. Jahrhundert erbauten Moschee mit ihren bleistiftartigen Minaretten beherrscht. Bunte Glasfenster erhellen den mit Iznikfliesen verzierten Innenraum, der von einer halbkugelförmigen Kuppel bedeckt wird. Neben Süleyman dem Prächtigen wurde hier auch Sinan (um 1489–1588), der Baumeister der Moschee, beigesetzt.

Celsus-Bibliothek, Ephesos
(oben)

Nahezu 12 000 Papyrusrollen machten den Schatz der monumentalen, 151 v. Chr. errichteten Bibliothek aus. Die zweigeschossige Fassade des Bauwerks, das dem Senator Tiberius Celsus gewidmet war, war im unteren Stock mit vier Wandnischen versehen, die Statuen Raum gaben. Die bewusst eingesetzte leichte Wölbung des Baus sollte dem Betrachter ein Gefühl von Lebendigkeit und Monumentalität vermitteln.

Wohnhöhlen, Göreme *(unten)*

Die sogenannten Feenkamine in Göreme, ausgehöhlte Tuffsteinformationen, stellen eine der Hauptattraktionen der Türkei dar. Die Höhlen wurden von ersten Christen genutzt, um etwa 10 000 Menschen Sicherheit und Lebensraum zu bieten und bis zu 360 teils unterirdische Kirchen zu errichten. Durchdachte Luftzirkulations- und Wassersysteme machten ein Leben in bis zu zehn Stockwerken unter der Erde erst möglich.

Syrien

Crac des Chevaliers (oben)
Die Kreuzfahrerfestung aus dem 12. und 13. Jahrhundert, die zum Weltkulturerbe zählt, wurde von den Johannitern gegründet, durch Erdbeben zerstört und in ihrer heutigen Form mit einem durch Rundtürme gegliederten Mauerring, eine wehrhafte 9 m dicke, mit Pechnasen versehene Mauer, wieder aufgebaut. In Friedenszeiten speiste ein Aquädukt die Burg mit Wasser, im Krieg diente eine Zisterne diesem Zweck.

Ruinenstadt, Palmyra (unten)
Der gigantische Tempel des Baal ist die Hauptsehenswürdigkeit der altrömischen Oasenstadt Palmyra, die sich über 10 km^2 ausdehnte: Turmgrabmäler, das bekannte dreigliedrige Tor am Rand des Ruinenfeldes, Säulenreihen und diverse Gebäudereste können bewundert werden. Um 270 n. Chr. ließ der römische Kaiser Aurelian (214–275) Palmyra zerstören und dessen Herrscherin Zenobia (um 240–272) verhaften.

Zitadelle, Aleppo
(oben)

Erste Vorläufer der ovalen Zitadelle sind der Zeit der Seleukiden (3./2. Jahrhundert v. Chr.) zuzuordnen, der heutige Bau wurde im 13. Jahrhundert unter der Herrschaft ayyubidischer Emire errichtet. Nach mehreren Zerstörungen durch Erdbeben und Mongolenstürme sind heute noch die Mauer aus Kalkstein, die Brücke, die Torbauten – besonders das stattliche Haupttor – sowie das Minarett der Moschee erhalten.

Umayyaden-Moschee, Damaskus *(Mitte)*

Im Nordwesten der Altstadt von Damaskus befindet sich das Gotteshaus aus dem 8. Jahrhundert, eine sogenannte Pfeilerhallenmoschee. Die Hauptgebetshalle birgt den Schrein mit dem Haupt Johannes des Täufers. Teile der Außenfassade des Sakralbaus stammen von einem antiken Heiligtum und tragen noch griechische Schriftzeichen. Das Bauwerk ist mit vielfarbigen Mosaiken verziert.

Libanon

Tempelanlagen, Baalbek
(unten)

Baalbek bietet mit seinen antiken Stätten nicht nur die größte Tempelanlage des oströmischen Reiches, sondern auch mit dem 1500 t schweren Stein des Südens den größten steinernen Baustein der Welt. Im 1. bis 3. Jahrhundert wurden bis heute gut erhaltene Heiligtümer mit römischer Dekoration geschaffen. Die 20 m hohen Säulen des Jupitertempels sind das Wahrzeichen des Libanon.

Israel

Felsendom, Jerusalem
(oben)

Der zwischen 669 und 692 errichtete Zentralbau auf achteckigem Grundriss ist das weltweit am besten erhaltene Gebäude aus frühislamischer Zeit. An dieser Stelle soll der Prophet Mohammed gen Himmel aufgefahren sein. Das Innere erstrahlt in kostbarem Marmor mit farbigen Mosaiken, von außen besticht der Dom durch die prächtigen Fayencefliesen und die 31 m hohe vergoldete Kuppel.

Al-Aqsa-Moschee, Jerusalem
(unten)

Die siebenschiffige Moschee ist an dem Ort erbaut, an dem sich Mohammed von Mekka aus am weitesten entfernt hatte, deshalb auch der Name, der übersetzt „Fernster Punkt" bedeutet. Die Westmauer des Bauwerks bildet die Klagemauer. Nach vielen Umbauten und Veränderungen erhielt die Moschee im 11. Jahrhundert ihre heutige Ausprägung mit versilberter Kuppel.

Jordanien

Wüstenschloss Qusair 'Amra
(oben links)

Zwischen 711 und 715 wurde in der jordanischen Steppe vom Kalifen Al Walid I. (668–715) eine Art Jagdschloss errichtet. Bedeutend sind die wunderbar erhaltenen Fresken im Inneren des Baus, die inhaltlich rein profane Themen zur Schau stellen. Deshalb sieht man in ihnen auch die frühen Anfänge islamischer Kunst. Das Bauwerk selbst besteht aus einer Audienzhalle und einer römischen Badeanlage.

Felsenstadt Petra
(unten)

Die verlassene Felsenstadt war ursprünglich die Hauptstadt des Reiches der Nabatäer. Am Ende der Felsenschlucht Siq erscheint die Ruine wie aus dem Nichts: In leuchtendem, rosarotem Sandstein finden sich unbeschreibliche Zeugnisse antiker Baukunst. Die Schatzkammer, die Königswand und das 42 m hohe Felsengrab Ad Deir sind einzigartige Kunstwerke und begründen die Rolle Petras als Kulturerbe.

Algerien

Ruinenstadt Timgad
(oben rechts)

100 n. Chr. wurde Timgad von Kaiser Trajan (53–117) als Colonia Marciana Traiana Thamugadi gegründet. Die römische Ruinenstadt ist in typischer quadratischer Form erbaut und zeigt klassische römische Stadtstrukturen. Das große Theater wurde durch Touristen derart beschädigt, dass derzeit ein neues Amphitheater gebaut wird, das für Aufführungen und Konzerte genutzt werden kann.

Kasbah, Algier
(oben)

Die Altstadt von Algier wurde 1992 zum UNESCO-Weltkulturerbe erklärt. Die aus dem 16. Jahrhundert stammende Burg – die Kasbah –, maurische Paläste, eine Zitadelle aus dem 16. Jahrhundert, Moscheen und Gebäude aus der französischen Kolonialzeit spiegeln eine längst vergangene Epoche wider. Der Begriff Kasbah umfasst heute die gesamte malerische Altstadt.

Marokko
Al-Karaouine-Moschee, Fès
(unten)

Fès ist die älteste der vier Königsstätten Marokkos und beheimatet in ihrer Altstadt Fès el Bali die größte Moschee Nordafrikas: Sie wurde 859 gegründet und beherbergt seit Anbeginn die islamische Universität – mit heute allerdings nur noch zwei Fakultäten. Seit dem 12. Jahrhundert wurde die Moschee mehrfach erweitert und verändert. Sie erstrahlt mit ihren grün gekachelten Dächern in typisch maurischer Bauweise.

Tunesien

Ruinenstadt Karthago
(oben links)

Als größtes Handelszentrum des Altertums wurde Karthago nach mehreren Auseinandersetzungen mit dem Römischen Reich letztlich im dritten Punischen Krieg völlig zerstört und der römischen Provinz Africa einverleibt. Die Ruinen sind größtenteils römischen Ursprungs; so sind etwa Thermen, Theater und das Odeon erhalten, aber auch eine christliche Basilika wurde freigelegt.

Antike Stätten, Dougga
(oben rechts)

Die ursprünglich numidisch-römische Stadt Thugga ist neben Karthago das größte Kulturdenkmal Tunesiens. Im 4. Jahrhundert v. Chr. gegründet, sind heute eine Reihe gut erhaltener römischer Bauwerke zu besichtigen: das von Säulen umgebene Forum, Theater, Kapitol und Thermen sowie der beeindruckende Triumphbogen des römischen Kaisers Severus Alexander (208–235 n. Chr.).

Sidi-Oqba-Moschee, Kairouan
(rechte Seite)

Berührend in ihrer Schlichtheit mit dem festungsartigen Minarett, zeigt die Moschee ihre Schönheit erst im Inneren: 414 Säulen gliedern den von einem Ziegelgewölbe überdachten Gebetssaal, die Böden des Innenhofs sind aus edlem Marmor, fein gearbeitete Fliesen zieren die Nischen. Bedeutend ist die aus Bagdad stammende älteste Kanzel der Welt – das mit feinen Intarsien verzierte Minbar.

Amphitheater, El Djem
(unten)

Etwa 40 000 Besucher konnten in dem gewaltigen Bau Platz finden, der 238 n. Chr. unter Prokonsul Gordianus I. (um 159–238) erbaut wurde. Drei übereinander errichtete Bogengänge und die starke Außenmauer bilden das in weiten Teilen erhaltene Gerüst des Theaters. Die Arena selbst ist nahezu so groß wie das Kolosseum in Rom; Kämpfe, Spiele und auch Hinrichtungen fanden hier statt.

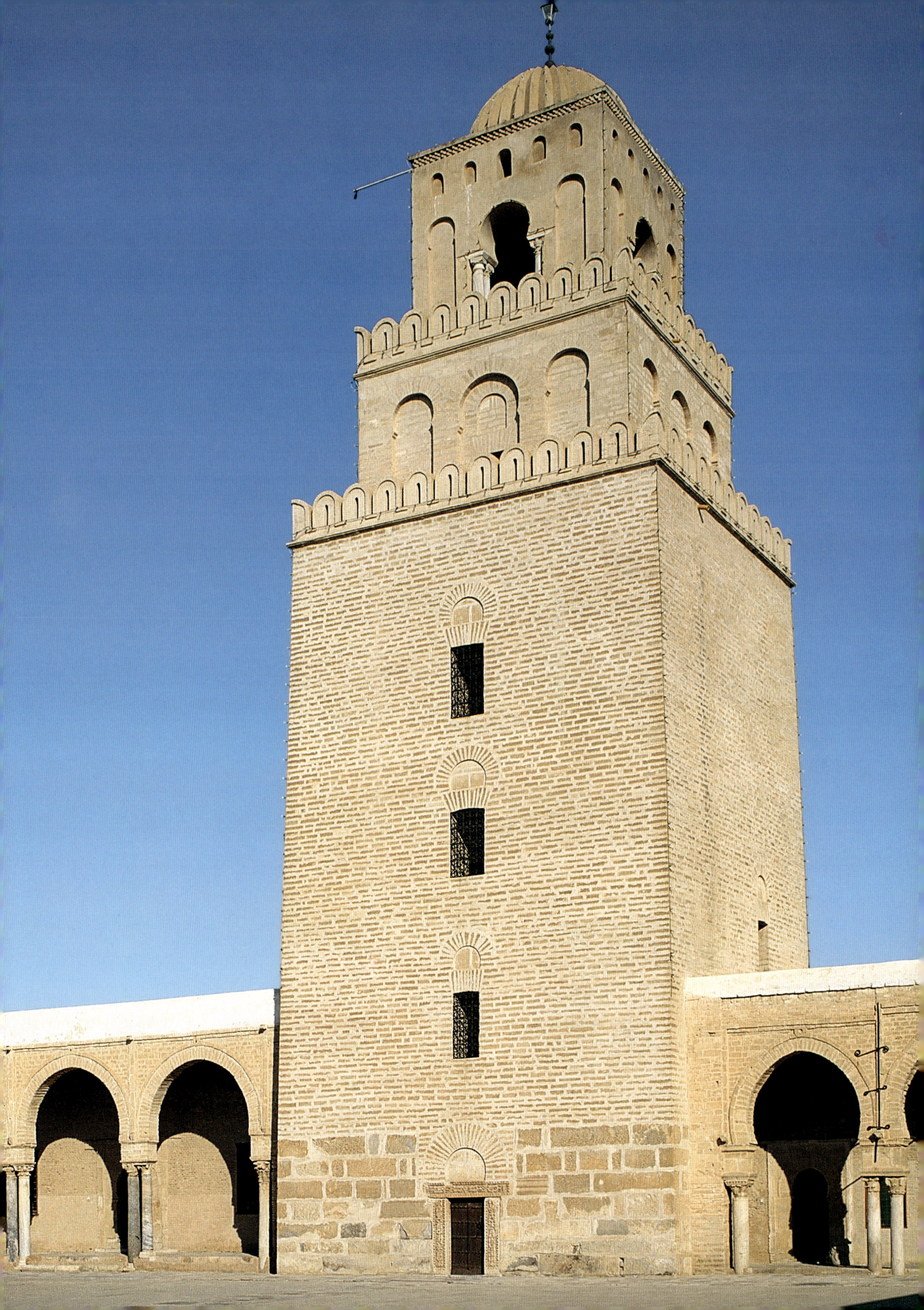

Libyen

Ruinenstadt, Leptis Magna
(oben)

1921 wurde das „versunkene" Leptis Magna sprichwörtlich aus dem Sand gehoben und 1982 zum Weltkulturerbe erklärt. Als größte erhaltene antike Ausgrabungsstätte der Welt finden sich einmalige Bauwerke wie das Alte Forum, die Basilika des hier geborenen Kaisers Septimius Severus (146–211 n. Chr.), der Severische Triumphbogen, der an der Küste gelegene Circus oder das Amphitheater.

Antike Stätten, Kyrene
(unten)

Kyrene wurde im 7. Jahrhundert als griechische Kolonie gegründet und von 96 v. Chr. bis zur Eroberung durch die Araber 634 von den Römern regiert. Die meisten Sehenswürdigkeiten entstammen der Römerzeit. Erwähnenswert sind die Akropolis auf dem Westhügel, der im dorischen Stil erbaute Apollontempel, die Trajansthermen sowie der massiven Triumphbogen des Mark Aurel.

Ägypten

Montaza-Palast, Alexandria
(oben)

1892 ließ der Vizekönig des seinerzeit osmanischen Alexandria mit dem Palast im Stadtteil Montaza ein wahres Wunderwerk der Architektur errichten, das 1925 im neobyzantinischen Stil erweitert wurde. Venezianisch mutet die Sommerresidenz der letzten ägyptischen Könige an. Im Inneren sind sowohl der Thronsaal als auch der Bereich des Harems besonders sehenswert.

Al-Azhar-Moschee, Kairo
(Mitte)

970 wurde die Moschee mit dem Beinamen „die Blühende", die gleichzeitig bis heute eine der wichtigsten muslimischen Universitäten des Landes ist, von den Fatimiden erbaut. Interessant sind die fünf verschieden gestalteten Minarette, so beispielsweise die Zwillingstürmchen über dem prachtvollen Haupteingang, dem „Tor der Barbiere", einem von sechs Eingangstoren.

Sultan-Hassan-Moschee, Kairo
(unten)

1356–1363 wurde die Moschee errichtet und zählt mit ihren angehend 8000 qm Grundfläche noch heute zu den beeindruckendsten Werken islamischer Architektur. Das fast 82 m hohe Minarett ist das zweithöchste Nordafrikas. Rund um den Innenhof mit dem Reinigungsbrunnen finden sich offene Vorhallen mit tonnenförmigen Kuppeln, sogenannte Liwane.

Stufenpyramide des Djoser, Sakkara *(oben)*

Um 2650 v. Chr. wurde von Hohepriester Imhotep die erste Pyramide in Ägypten mit einer Höhe von über 60 m erbaut. Sie befindet sich im Zentrum des weitläufigen Tempelkomplexes und war ursprünglich nur als einstöckiges Grabmal gedacht. Stück für Stück wurden anschließend die fünf einzelnen Stufen aufeinandergesetzt, 27 m unter der Erde liegt Pharao Djoser begraben.

Cheops-Pyramide, Gizeh
(linke Seite unten)

2580 v. Chr. wurde für Pharao Cheops ein Grabmal aus etwa 2,5 Millionen Steinquadern geschaffen, ehemals knapp 147 m hoch und damit die größte Pyramide der Welt. Sie beinhaltet drei Grabkammern, eine jedoch wurde nur benötigt. Bedeutsam ist die „Große Galerie", ein hoher Gang im Inneren des Baus. Das gesamte Bauwerk war ursprünglich mit weißem Kalkstein überzogen.

Katharinenkloster, Sinai
(oben)

Um 550 wurde das griechisch-orthodoxe Kloster, eines der ältesten der Christenheit, von Kaiser Justinian I. (um 482–565) gegründet, genau dort, wo, der Heiligen Schrift folgend, Gott aus dem brennenden Dornbusch sprach. Bekannt ist die Ikonengalerie, die wahre Schätze bereithält. Die Bibliothek mit über 6000 Handschriften wird nur von den vatikanischen Sammlungen übertroffen.

Hatschepsut-Tempel, Deir el-Bahari *(unten)*

Drei Terrassen, verbunden durch Ehrfurcht einflößende Rampen, bilden den von Senenmut erbauten Totentempel, der keineswegs Grabstätte der mächtigen Königin Hatschepsut (15. Jahrhundert v. Chr.) war: Sie ruht an anderer Stelle. Auf der Plattform befinden sich der Säulenhof und die Grabkapelle. Reliefs und Statuen mit Szenen aus dem Leben der Herrscherin zieren das Bauwerk.

Tempel, Luxor
(oben)

Der um 1500 v. Chr. erbaute Tempel gilt als einer der größten des alten Ägypten. Ramses II. (um 1298–1213 v. Chr.) schuf den riesigen Pylon am Eingang sowie den Obelisken, dessen Zwillingsbruder seit 1836 in Paris eine Heimat gefunden hat. Eine Allee mit Sphingen führt zum Tempel hin. Ein 52 m langer Säulengang weist vom ersten in den zweiten Hof und letztendlich ins Allerheiligste.

Trajanskiosk, Philae
(unten)

Das Heiligtum der Insel Philae gehört seit 1979 zum Weltkulturerbe. Ein Großteil der Anlage mit ihrem Höhepunkt, dem Isis-Tempel, wurde im Zusammenhang mit dem Bau des Assuanstaudamms auf der Nachbarinsel Agilkia wiederaufgebaut. Zu einem der schönsten Gebäude des Tempelkomplexes zählt der unvollendet gebliebene Trajanskiosk vom Anfang des 2. Jahrhunderts.

Felsentempel von Abu Simbel
(oben)

Um 1250 ließ Ramses II. (um 1298–1213 v. Chr.) zwei ägyptischen Gottheiten geweihte Tempel bis zu 60 m tief in den Fels schlagen. 20 m hohe Kolossalstatuen bewachen den Eingang. Die Bauwerke mussten wegen Überschwemmungsgefahr bei der Errichtung des Assuanstaudamms in 1036 Teile zerschnitten und an anderer Stelle wieder aufgebaut werden: technisch eine Meisterleistung.

Medînet Hâbu, Theben
(unten links)

Zur Nekropole von Theben gehört auch Medînet Hâbu mit dem Totentempel von Ramses III. (um 1221–1156 v. Chr.), erschaffen 1186–1155 v. Chr. Das Äußere des Tempels ist fast vollständig erhalten, die Tempelwände zeigen Jagd- und Kriegsszenen. Den Hauptzugang bildet das „Hohe Tor" mit plastischen Reliefs, die die Siege des Königs darstellen. Das Allerheiligste weisen Statuen aus Rosengranit aus.

Isis-Tempel, Philae
(unten rechts)

Als der Insel Philae Überschwemmung drohte, wurde der Isis-Tempel 1969 abgebaut und auf der Insel Agilkia wiedererrichtet. Das Bauwerk ist etwas einfacher als seine Vorläufer in Abu Simbel und gilt als eines der letzten Werke altägyptischer Baukunst. Philae ist der Inbegriff der Verbindung von ägyptischer, griechischer und römischer Architektur und Skulptur.

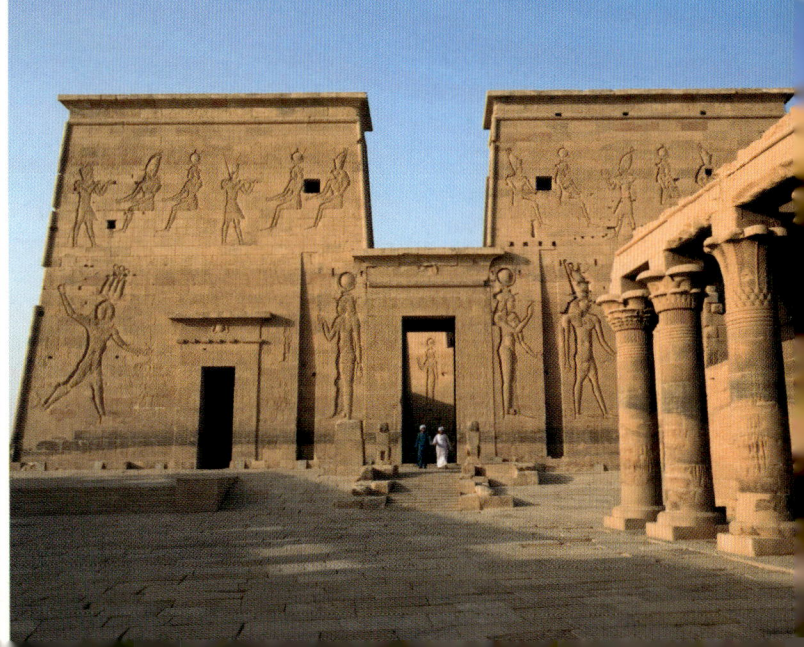

Saudi-Arabien

Al-Masdschid al-Haram-Moschee, Mekka *(oben)*

Einmal im Leben nach Mekka zu pilgern ist die Pflicht eines Muslims, solange es ihm finanziell und körperlich möglich ist. Sieben Minarette umgrenzen die Große Moschee, in deren Zentrum die Kaaba das wichtigste Heiligtum des Islam birgt: ein schwarzer Meteorit, der Legende nach vom Engel Gabriel an Abraham übergeben. Ihn nach Umrunden der Kaaba zu berühren ist das Ziel der Wallfahrt.

Jemen

Wohnhäuser, Shibam *(unten)*

Die mächtigen, sechs- bis zehnstöckigen Bauten aus Lehmziegeln wurden jeweils nur von einer Großfamilie bewohnt und wirken doch wie Mehrfamilienhäuser aus dem Märchen: 2000 Jahre alt und von einer wehrhaften 7 m hohen Stadtmauer umgeben, mussten die 500 eng aneinander gebauten Bauwerke Wind und Wetter trotzen. 1984 wurde Shibam UNESCO-Weltkulturerbe.

Altstadt, Sana'a
(oben)

Der Blick durch eines der sieben Stadttore lässt den Besucher eintauchen in eine Märchenwelt: 6000 bis zu acht Stock hohe, rotbraune Turmhäuser aus Lehm, ein Meer von Minaretten der 140 Moscheen und buntes Leben in den Gassen zeichnen die Hauptstadt des Jemen aus. Die Bauwerke sind mit durchbrochenem Mauerwerk und reliefartigen Ornamenten künstlerisch geschmückt.

Vereinigte Arabische Emirate

Burj al Arab, Dubai *(oben)*

321 m machten das Burj al Arab zum höchsten Hotel der Welt. Das britische Architektenteam WS Atkins PLC schuf das segelförmige 7-Sterne-Hotel mit 60 Etagen und 220 Suiten in nur fünf Jahren von 1994–1999. Ein an den Bau im 28. Stock angegliederter Hubschrauberlandeplatz komplettiert das Design des Riesen. Schwingungstilger im Inneren des Bauwerks schützen das Hochhaus vor Stürmen und Erdbeben.

Künstliche Inseln, Dubai *(unten)*

Die Palm Islands und The World, aufgeschüttet als künstliche Inseln vor der Küste Dubais, sind vermutlich nur der Anfang der übermenschlichen Offshore-Projekte des Immobilienunternehmens Nakheel. Im Bau sind zudem das Universum und ein Killerwal. Tausende Kubikmeter Sand wurden aus den Tiefen abgesaugt, massive Ringe aus Steinen schützen die Sandgiganten mit ihren Bebauungen vor Wellen und Erosion.

Äthiopien

Bet Giyorgis, Lalibela
(oben)

Lalibela ist ein bekannter Wallfahrtsort und der Standort von elf Kirchen aus Lavagestein, von denen einige direkt aus dem Felsen herausgeschlagen wurden. Bet Giyorgis, entstanden um 1300, ist am besten erhalten. Die Kirche mit dem Grundriss eines Kreuzes steht in einer Art Schacht, der Eingang des Monolithen ist durch einen Felsentunnel erreichbar.

Burdsch Chalifa, Dubai
(oben links)

Seit 2008 bereits ist der „Turm von Dubai", obwohl damals noch unvollendet, das höchste Bauwerk der Welt: 828 m misst das im Januar 2010 eröffnete Hochhaus aus Stahl und Beton nun, 163 bewohnbare Etagen bietet es. Über 500 000 qm Geschossfläche geben Raum für Hotels, Büros, Einkaufscenter und sogar Grünflächen sowie eine der am höchsten gelegenen Außenterrassen der Welt in luftigen 452 m Höhe.

Ruinenstadt, Aksum
(unten)

Aksum, erstmals vor 4700 Jahren erwähnt, ist das religiöse und historische Zentrum Äthiopiens, von Sagen umrankt und berühmt wegen seiner fast 30 m hohen Granitstelen, die Gräber schmückten. Bis zu Haile Selassie (1892–1975) wurden die äthiopischen Kaiser in Aksum gekrönt. In der Kirche der Heiligen Maria von Zion soll angeblich die heilige Bundeslade aufbewahrt werden.

Côte d'Ivoire

Notre-Dame de la Paix, Yamoussoukro *(oben)*

Finanziert vom ehemaligen Präsidenten der Elfenbeinküste, Félix Houphouët-Boigny (1905–1993), wurde mit dieser Kathedrale das größte Gebäude der Christenheit nach dem Vorbild des Petersdoms in Rom erbaut. Wertvoller italienischer Marmor und 7000 qm Mosaikfenster lassen den Besucher staunen. Papst Johannes Paul II. (1920–2005) weihte 1990 das sakrale Wunderwerk, in dem 18 000 Menschen Platz finden.

Mali

Altstadt, Timbuktu *(unten)*

Die Oasenstadt, am südlichen Ende der Sahara gelegen, wurde in der typischen Lehmbauweise erschaffen: Das Grundgerüst der sakralen wie profanen Bauwerke bildeten Konstruktionen aus Holz, die mit Lehm ummantelt wurden. Das Stadtbild bestimmen die Minarette der Moscheen. Heute bedrohen Wanderdünen und Sandstürme die Kostbarkeiten der „Verbotenen Stadt".

Große Moschee, Djenné
(oben)

Diese gewaltige Moschee, 20 m hoch und 150 m lang, ist das größte aus Lehm gebaute Gebäude der Welt. Unter dem Gründer des Massina-Reiches 1834 zerstört, wurde das sakrale Wunderwerk im Sudanstil wieder aufgebaut und wird noch heute nach jeder Regenzeit von der Bevölkerung neu verputzt. 90 Säulen tragen das Dach, jedes Minarett schließt mit einem Straußenei ab.

Tansania
Kilwa Kisiwani und Songo Mnara *(unten)*

Die ehemalige Hafenstadt Kilwa, durch Gold-, Silber-, Parfum- und Perlenhandel bis ins 15. Jahrhundert eine der reichsten Städte am Indischen Ozean, nennt einmalige Bauwerke ihr Eigen: Husuni Kubwa – ein direkt am Meer liegender Palast, die Große Moschee und ein um 1500 erbautes Fort. Auch im mittelalterlichen Songo Mnara finden sich Zeugnisse längst vergangenen Reichtums.

Irak

Große Moschee, Samarra
(oben)

Das größtenteils zerstörte Gotteshaus im Osten der heutigen Stadt ist durch sein spiralförmiges Minarett, den sogenannten Spiralenturm, weltberühmt geworden: Kalif Al-Mutawakkil (gest. 861) ließ die Moschee 847 im Stil der Umayyaden erbauen. Heute noch erhalten sind ausschließlich das 27 m hohe Minarett sowie die 9 m hohe Mauer, die die Anlage umgibt.

Zikkurat, Ur
(unten links)

Für den Mondgott Nanna wurde die Zikkurat, ein dreistufiger Tempel mit einer Größe von 60 x 45 m, unter der Herrschaft von König Ur-Nammu um 2100 v. Chr. erbaut. Schlamm und Ziegel machten das Bauwerk haltbar. Ur war eine der wichtigsten Städte der Sumerer, eine der ältesten antiken Zivilisationen und die Zikkurat die besterhaltene Ruine ganz Mesopotamiens.

Iran

Arg-é-Zitadelle, Bam
(oben)

Die Stadt Bam wurde vor etwa 2000 Jahren komplett aus Lehmziegeln erbaut, in ihrer Geschichte mehrmals zerstört und wiederaufgebaut. Die Safawiden errichteten innerhalb der Zitadelle eine komplette Stadt mit Palast, Moschee, Basar und Karawanserei. Als 2003 ein entsetzliches Erdbeben den Iran erschütterte, wurde Bam nahezu dem Erdboden gleichgemacht. Die UNESCO arbeitet derzeit am Wiederaufbau.

Masjid-i-Schah-Moschee, Isfahan *(linke Seite unten rechts)*

1611–1630 wurde die komplett mit blauen Fliesen verzierte Königsmoschee von den Safawiden erbaut. Minarette, Tore, Mauern und Innenausstattung leuchten in schimmerndem Gold, Gelb und Blau. 33 m hohe Minarette, eine das Stadtbild Isfahans dominierende, mit gelben Ranken verzierte Kuppel und das eindrucksvolle südliche Eingangstor zeichnen das prächtige sakrale Wunderwerk aus.

Palastanlage, Persepolis
(unten)

Die ehemalige Festungs- und Begräbnisstadt der persischen Könige wurde um 520 v. Chr. von König Dareios I. (549–486 v. Chr.) gegründet. Die Palastanlage steht auf einer 14 m über dem Boden errichteten riesigen Plattform. Faszinierend ist die prächtige doppelläufige, heute noch erhalten Treppe, die von kunstvollen Reliefs geziert ist. Das Glanzstück muss der 100-Säulen-Saal – ein prächtiger Thronsaal – gewesen sein.

ASIEN
UND OZEANIEN

UNERREICHTE STILVIELFALT

Mehr als zwei Drittel der Menschheit leben auf dem kunterbunten Erdteil Asien, einem Kontinent, auf dem viele Religionen ihren Ursprung und damit viele Kulturen ihren Ausgangspunkt haben. China, das „Land des Lächelns", besticht durch seine ganz individuelle Architektur, festgelegt durch die 1103 erschienenen „Baunormen": leuchtende Dachziegel, Löwen-, Drachen- und Schlangenembleme und klare Proportionen. Japan wiederum verfolgt eine lieblichere Bautradition, wie etwa die zarten, gen Himmel strebenden Tempel, geprägt von Leichtigkeit und Naturverbundenheit. Indische Bauwerke scheinen einem Märchen entnommen zu sein. Ein Hauch von Geheimnis umweht den Taj Mahal, den Palast der Winde oder die vergoldeten Stupas, die vor der Kulisse grüner Wälder wie Edelsteine leuchten. In Asien finden sich sagenumwobene Stätten wie das vielfach besungene Mandalay in Myanmar, das indonesische Borobudur oder Angkor Wat in Kambodscha, aber auch Pioniere der Moderne wie Le Corbusier oder Louis Kahn haben ihre Spuren hinterlassen. Megacitys wie Kuala Lumpur oder Taipeh trumpfen mit gigantischen Wolkenkratzern auf, die wie nebenbei in den Himmel wachsen. In Asien gibt es den höchsten Berg, die längste Brücke, den größten Palast und mit der Chinesischen Mauer auch das größte Bauwerk der Welt. Und das Streben nach Superlativen nimmt kein Ende.
Architektonisch kaum weniger bescheiden kommt Ozeanien daher: Bauten wie das Sydney Opera House oder das Jean-Marie-Tjibaou-Kulturzentrum in Nouméa sind längst zu modernen Ikonen der Architektur geworden.

Usbekistan

Gur-Emir-Mausoleum, Samarkand *(oben)*

Das achtseitige Mausoleum wurde zu Zeiten des sunnitischen Mongolenherrschers Timur um 1400 erbaut und dient als dessen Grabstätte. Die 34 m hohe Kuppel erstrahlt in leuchtendem Blau und ist mit 64 Rippen versehen – Symbole für das Leben Mohammeds. Mosaiken schmücken die Fassade und Sternmuster sowie Schriftbänder in Blau und Gold den gedrungenen Innenraum. Ursprünglich war dem Grabmal eine Madrasa angegliedert.

Mir-i-Arab-Madrasa, Buchara *(unten)*

1535 wurde die Hochschule in Buchara errichtet, einer Stadt, die seit jeher für Bildung berühmt war. Noch heute befindet sich in der Madrasa eine Koranschule. Der Bau besticht durch seine prunkvolle Eingangshalle, den sogenannten Iwan, sowie durch die zwei Rundtürme mit türkisfarbenen Kuppeln. Einer der Türme birgt den Leichnam Scheich Abdullahs, der den Beinamen Mir-i Arab trug.

Afghanistan

Blaue Moschee, Mazar-e-Sharif
(oben)

Glasierter Fayenceschmuck in Blau und Türkis lässt das im 15. Jahrhundert erbaute Ali-Mausoleum erstrahlen, das als „Blaue Moschee" eine der wichtigsten Wallfahrtsstätten Afghanistans für Schiiten und Sunniten ist. Der Sarkophag des Kalifen Ali, des Schwiegersohns des Propheten Mohammed, befindet sich hier. Einflüsse aus Pakistan, der Türkei und Indien lassen sich an dem eindrucksvollen Sakralbau erkennen.

Masjid-i-Jami-Moschee, Herat
(unten)

Die Freitagsmoschee wurde im 10. Jahrhundert von den Ghuriden gegründet, später zerstört und im 14. Jahrhundert unter den Timuriden wieder in neuer Pracht aufgebaut. Die größte Moschee Afghanistans ist für ihre wunderschönen handbemalten Fliesenmosaiken berühmt, die im Rahmen der Restaurierung von der wiedereröffneten, ursprünglichen Glasziegelwerkstatt hergestellt wurden.

Pakistan

Jahangir-Mausoleum, Lahore
(oben)

Das ehrwürdige Bauwerk inmitten herrlicher Gärten ist auf einer Banknote Pakistans verewigt und stellt ein klassisches Zeugnis der Mogularchitektur dar. Das Grabmal des vierten großen Mogulkaisers Jahangir besteht aus Sandstein und Marmor und ist mit Halbedelsteinen reich verziert. Vier Minarette flankieren den Bau, das Grabmal selbst ist über marmorne Gänge erreichbar.

Ruinenstadt, Mohenjo-Daro
(unten)

Die größte erhaltene Stadt aus der Bronzezeit wurde vermutlich zwischen 2600 und 1800 v. Chr. erbaut und erlangte ihren Reichtum – so nimmt man an – durch den Kornhandel: So ist denn auch der Kornspeicher das größte erhaltene Gebäude der Anlage. Daneben gruppieren sich Wohnhäuser und das Badehaus. Sogar Brunnen und Abwasserkanäle kann die „moderne" antike Stadt aufweisen.

Indien

Goldener Tempel, Amritsar
(oben)

Der Tempel ist das größte Heiligtum der Sikhs und befindet sich auf einer künstlichen Insel im sogenannten Nektarteich. Er wurde Ende des 16. Jahrhunderts errichtet und bis auf den marmornen unteren Teil komplett mit Blattgold überzogen und mit einem Pavillon mit Kuppel bekrönt. Die Niederschriften der Sikhgurus werden in einem edlen Schrein aufbewahrt.

Humayun-Mausoleum, Delhi
(Mitte)

Im Mogulstil zwischen 1564–1573 erbaut, beherbergt das Grabmal die letzte Ruhestätte des zweiten Mogulherrschers Humayun (1508–1556) und seiner Hauptfrau, die auch das Gebäude in Auftrag gab. Die Anlage ist ein prächtiges Beispiel der Vereinigung von indischer und persischer Bautradition, errichtet aus Sandstein und durchzogen von reinweißen Marmorlinien.

Rotes Fort, Delhi
(unten)

Die von einer 18–34 m hohen zinnenbewehrten Sandsteinmauer umgebene Palastanlage wurde 1639–1648 für den Mogulkaiser Shah Jahan (1592–1666) errichtet. Zahlreiche Gärten, Paläste, die marmornen Audienzhallen und die kleine Perlenmoschee sind Zeugnisse längst vergangener Pracht. Letztere erstrahlt in weißem Marmor und wurde für Aurangzep (1618–1707), den Sohn des Shahs, erbaut.

Jami-Masjid-Moschee, Fatehpur Sikri *(oben)*

Aus Dank für die Geburt seines Sohnes ließ Scheich Salim Chisti (1478–1572) eine Moschee erbauen, die auf wunderbare Weise indische und persische Elemente zusammenführt. Bemerkenswert ist das 54 m hohe Eingangsportal der Moschee, auch Siegestor genannt. Das Mausoleum des Scheichs, das ursprünglich aus rotem Sandstein erbaut wurde, erstrahlt heute in feinstem Marmor.

Bahai-Tempel, Neu-Delhi *(unten)*

Das 1986 eingeweihte „Haus der Andacht" wird von einer lotusförmigen, 34 m hohen Kuppel vervollständigt. Das Gebäude, ein Rundbau, ist komplett von Wasser umgeben und enthält keine gerade Linie. Die meisten Bauteile sind – der heiligen Zahl 9 in der Bahai-Religion Rechnung tragend – neunmal vorhanden, was diesem architektonischen Wunder einen besonderen Reiz verleiht.

Taj Mahal, Agra
(oben)

Der als Mausoleum 1632–1648 erbaute, in weißem Marmor erstrahlende „Kronenpalast" wird von vier über 40 m hohen Minaretten eingesäumt. Wände und Fassaden zeigen anmutige Intarsien aus Edelstein. Das 57 m hohe Wunder der Mogul-Architektur wurde von Shah Jahan (1592–1666) für seine verstorbene Frau erbaut, die unter der zwiebelförmigen Kuppel ihre letzte Ruhe fand.

Rotes Fort, Agra
(unten)

Die Festungs- und Palastanlage aus dem 16./17. Jahrhundert, im Grundriss der Form des Halbmondes nachempfunden, diente den Mogulkaisern als Residenz und wird heute teilweise militärisch genutzt. Im Inneren des aus rotem Sandstein bestehenden Gebäudekomplexes, der von einer 21 m hohen Mauer umgeben ist, befinden sich eindrucksvolle Paläste, Moscheen und Gärten.

ASIEN UND OZEANIEN – Indien

Palast der Winde, Jaipur
(oben)

Der architektonisch einzigartige, sich nach oben verjüngende Palast Hawa Mahal wurde 1799 in rotem und rosafarbenen Sandstein erbaut, seine wabenartige Bauweise garantiert eine gute Belüftung des Palastinneren, daher der Name. 943 vergitterte Fenster, reich mit Branntkalk verziert und auf fünf Stockwerke verteilt, sollten den Haremsdamen einen Blick auf das Leben außerhalb des Palastes ermöglichen, ohne selbst vom Volk gesehen zu werden.

Observatorium, Jaipur
(unten)

Das größte Freiluftobservatorium der Welt, das Jantar Mantar, wurde zwischen 1728 und 1734 errichtet. Ein Großteil der wissenschaftlichen Instrumente wurde von Maharadscha Jai Singh II. von Amber (1688–1743) selbst entwickelt. Bedeutend ist die Sonnenuhr Samrat Yantra: Sie besteht aus einer 27 m hohen und 44 m langen Rampe, deren Schatten als „Uhrzeiger" fungierte.

Tempelanlagen, Khajuraho
(rechte Seite oben)

Die ehemals 80 Tempel, von denen heute nur noch 24 erhalten sind, wurden während der Chandella-Dynastie zwischen 950–1050 erbaut und sind aufgrund ihrer erotischen Kunstwerke der Bildhauerei berühmt, die ihre mystischen Ursprünge im Tantrismus haben: Aktivität und Passivität, das Männliche und das Weibliche sollen in ihrer Wechselwirkung die Harmonie des Universums bilden.

Indian Institute of Management, Ahmedabad *(unten)*

Louis Kahn (um 1901–1974) ist wohl der bedeutendste Architekt der zweiten Hälfte des 20. Jahrhunderts, in seiner Wirkung fast nur mit Le Corbusier vergleichbar. Kahn war Vertreter des Brutalismus, eines Architekturstils, der mit Sichtbeton, also mit unkaschiertem Betonmaterial arbeitete. Zu seinen Meisterwerken gehört die 1962–1974 errichtete Wirtschaftshochschule in Ahmedabad.

Höhlentempel, Ajanta
(oben)

Zwischen 200 v. und 500 n. Chr. wurden 29 Höhlen in der Form eines Hufeisens in den Fels hoch über dem Fluss Waguma geschlagen. Die tempelartigen Grotten sind etwa 30 m breit und 15 m tief und durch schmale Eingänge erreichbar. Fresken, Wandmalereien, die das Wirken Buddhas beschreiben, sowie faszinierende steinerne Figuren zieren die ehemaligen Wohn- und Gebetshöhlen.

Großer Stupa, Sanchi
(unten)

In Sanchi befinden sich architektonische Werke, die über 1500 Jahre buddhistischer Baukunst widerspiegeln. Der 16 m hohe Große Stupa wurde während der Regentschaft König Ashokas im 3. Jahrhundert v. Chr. begonnen. Eine steinerne Ummantelung sowie vier steinerne Tore wurden dem Urbau bis 35 v. Chr. hinzugefügt. Der Stupa gilt als berühmtestes Denkmal Indiens.

ASIEN UND OZEANIEN – Indien | 197

Kailasanatha-Tempel, Ellora
(oben)

757 begonnen, wurde der Tempel über zwei Jahrhunderte bearbeitet und letztendlich knapp 40 m tief in den Felsen gegraben. Er ist somit der größte Felsentempel Indiens und das eindrucksvollste der 34 Heiligtümer in der Region. Der einstöckige Sockel, auf dem das Bauwerk ruht, ist aufgrund seiner einmaligen Steinschnitzarbeiten von unschätzbarem Wert.

Chhatrapati Shivaji Terminus, Mumbai *(unten)*

Der 1778–1788 erbaute Westbahnhof ist im viktorianisch-neugotischen Stil gehalten und lässt in seiner Lebendigkeit den Puls der quirligen Metropole nachspüren. Indische Ornamentik und britische Kolonialpracht sind gleichermaßen gut erkennbar und verwandeln das Bauwerk mit seinen 400 m langen Bahnsteigen in einen buchstäblich fantastischen Palast.

Sonnentempel, Konarak
(oben)

Als eines der wichtigsten Bauwerke Indiens wurde der „Surya Deul" im 13. Jahrhundert im Orissa-Stil erbaut. Auf einer monumentalen Sockelleiste, die 1700 unterschiedliche Elefanten darstellt, ruht das gigantische Bauwerk in Form eines riesigen Sonnenwagens. Gekrönt wird es von einem pyramidenartigen Dach und von Tausenden von Skulpturen geziert. Wundervoll erhalten sind die Vor- und die sogenannte Tanzhalle.

Brihadisvara-Tempel, Tanjavur
(Mitte)

Als perfektes Beispiel hinduistischer Tempelarchitektur wurde das fast 70 m hohe Bauwerk aus Granit 1002 von König Rajaraja I. († 1014) im Dravida-Stil begonnen und 1010 vollendet. Zahlreiche Hallen sowie die drittgrößte Nandi-Statue Indiens – das Reittier Shivas – gehören zur Anlage, die von einer zweifachen Mauer umgrenzt wird. 1997 wurde der Tempel zum UNESCO-Weltkulturerbe erklärt.

Tempelbezirk, Mahabalipuram
(unten)

Die alte Hafenanlage zeigt eine Vielzahl an sehenswerten Bauwerken: Felsentempel, offene, galerieartige Hallen, freistehende Monolithskulpturen – sogenannte Rathas – und ein gewaltiges, 27 m langes und 9 m hohes Steinrelief, eines der berühmtesten der Welt. Der Küstentempel wurde aus Granitblöcken erbaut und diente im Pallava-Königreich als Leuchtturm.

Ekambaresvara-Tempel, Kanchipuram *(oben)*

Das Bauwerk wurde 1509 zu Ehren der Gottheit Shiva um einen großen Mangobaum herum gebaut, den es heute noch gibt. Sehenswert ist der für die dravidisch-hinduistische Architektur typische Torturm. Mit seinen 58 m ist er der höchste Südindiens und eröffnet den Tempelbezirk. Bedeutend ist die „1000-Säulen-Halle" mit ihren 540 durch Skulpturen und Reliefs reich verzierten Säulen.

Tempelanlagen, Bhubaneswar *(unten)*

In der ehemaligen Hauptstadt des Kalinga-Königreichs lassen sich von 1000 Tempeln noch einige Hundert besichtigen, die vom 7. bis ins 12. Jahrhundert geschaffen wurden. Beispielhaft für den Orissa-Baustil ist der Mukteshvara-Tempel mit seinen bienenkorbförmigen Schreinen. Der größte Sakralbau mit seinem 54 m hohen Turm ist der Tempel des Shiva-Lingaraja, um 1000 erbaut.

Myanmar

Ananda-Tempel, Bagan
(oben)

Um 850 entstanden in Bagan rund 5000 Tempel, von denen etwa 1000 erhalten sind. Der nach einem Schüler Buddhas benannte Ananda-Tempel mit seinem 55 m hohen Hauptturm ist ein sogenannter Terrassentempel. Er wurde 1091 von König Kyansittha (1084–1112) in kreuzförmigem Grundriss erschaffen und bewahrt in seinem Inneren vier stehende und zahlreiche sitzende Buddhastatuen.

Shwedagon-Pagode, Rangun
(rechte Seite Mitte)

Die um 1700 erbaute, 113 m hohe Pagode dominiert in ihrem Prunk aus Gold und Juwelen das Stadtbild von Rangun. Der zentrale Stupa misst nahezu 100 m und wird von 60 kleineren Pagoden umringt. Acht Erdbeben konnten dem buddhistischen Heiligtum und religiösen Zentrum Myanmars nichts anhaben. Der Sage nach stammen die ältesten Teile des Bauwerks aus dem 5. Jahrhundert.

Kuthodaw-Pagode, Mandalay
(rechte Seite unten)

729 kleine weiße Pagoden umgeben die in weiter Ferne sichtbare golden leuchtende, 30 m hohe Kuthodaw-Pagode, Wahrzeichen der Stadt Mandalay. 1857 wurde das Bauwerk von König Mindon Min (1808–1878) erschaffen. Die kleinen, in geordneten Reihen aufgestellten Pagoden bilden das weltweit größte Buch und beinhalten auf menschenhohen Marmortafeln fortlaufend die Texte der buddhistischen Lehre.

Sri Lanka

Ruvanvelisaya-Stupa, Anuradhapura *(oben)*

Majestätisch mutet er an, der riesige Stupa mit seinem Durchmesser von 90 m und seiner stattlichen Höhe von 100 m. Erbaut wurde er um 137 v. Chr. von König Dutthagamani. Elefanten umrunden den Sockel des strahlend weißen Bauwerks. In nächster Umgebung befindet sich der Ableger des Bodhi-Baumes, unter dem Buddha zur Erleuchtung gekommen sein soll.

Thailand

Wat Phra Sri Sanphet, Ayutthaya (oben)

Thailands bedeutendstes Ruinenfeld fasziniert durch seine glockenförmigen Stupas, sogenannte Chedis, die inmitten der Reste eines Königspalastes und eines Klosters stehen. Die Stupas – ehemals Königsgräber – tragen konische Spitzen und sind mit Steinreliefs verziert. 1767 wurde die Anlage wie viele anderen in der Gegend von den Burmesen erobert und zugrunde gerichtet.

Bang Na Expressway, Bangkok (unten links)

Die längste Brücke der Welt wurde 2000 errichtet und trägt eine sechsspurige Autobahn. Sie beginnt im Südosten Bangkoks und führt weiter südöstlich in Richtung der Provinz Chonburi. 1,9 Millionen qm misst die Brücke insgesamt. Jedes einzelne Segment wurde wie eine Art Fachwerk zu dem „Riesen" zusammengesetzt. Technik und Ausmaße machten weltweit Furore.

Phra Pathom Chedi, Nakhon Pathom (unten rechts)

Der „Heilige Chedi des Anfangs" ist mit 127 m Höhe der höchste buddhistische Chedi weltweit. Das Bauwerk wurde im 5./6. Jahrhundert als schlichter Stupa errichtet und im 9./10. Jahrhundert ergänzt. Sieben Ringe aus golden gebrannten Ziegeln schmücken das thailändische Heiligtum. Ein Hof umgibt den Chedi, 1000 Jahre alte Statuen zieren den Tempelbereich.

Malaysia

Petronas Towers, Kuala Lumpur (rechte Seite)

Der Mineralölkonzern Petronas war Hauptsponsor des 1993–1998 erbauten Gebäudekomplexes. César Pelli (* 1926) schuf die beiden sternförmigen Zwillingstürme, die auf der 41. Etage durch die Skybridge miteinander verbunden sind – in schwindelerregender Höhe von 452 m. Konzertsaal, Museum, Einkaufszentrum und Büros erfüllen die Türme mit Leben. Bis 2003 war der Wolkenkratzer mit 78 Aufzügen das höchste Bauwerk der Welt.

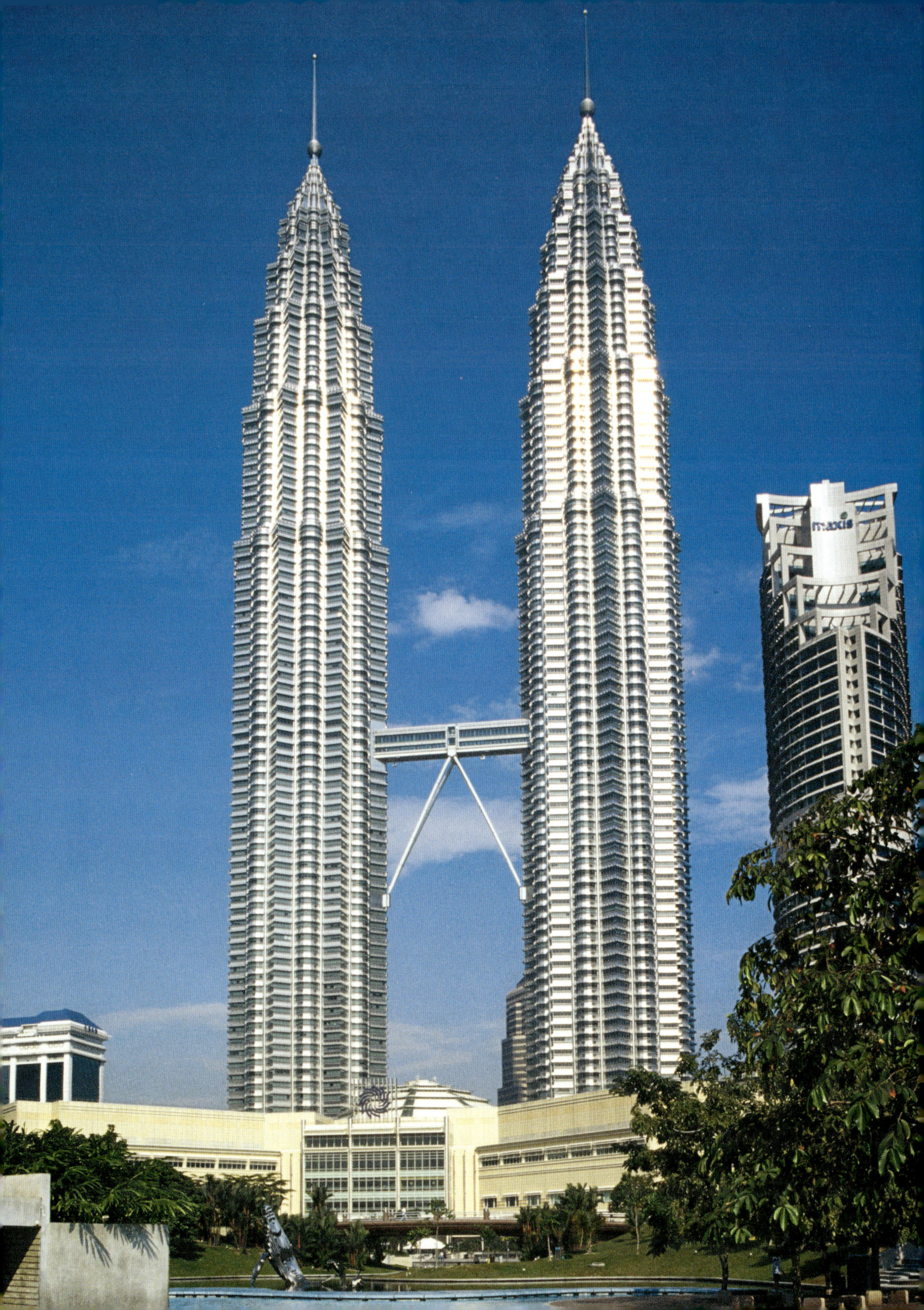
maxis

Kambodscha

Ruinen, Ta Prohm
(oben links)

Von haushohen Würgefeigen überwuchert und halb verfallen, muten die Bauten von Ta Prohm, die Anfang des 13. Jahrhunderts erschaffen wurden, geheimnisvoll an. Die Anlage umfasst Tempel, Kloster, Mauer und mächtige Eingangstore und wurde so belassen, wie die Entdecker sie vorgefunden haben. Die nichtreligiösen Bauten waren wohl aus Holz und sind alle dem tropischen Klima zum Opfer gefallen.

Ruinenstadt, Angkor Thom
(oben rechts)

Etwa 1 km nördlich von Angkor Wat befindet sich die ehemalige Hauptstadt des Angkorreiches, Angkor Thom. Die gesamte Anlage, errichtet Ende des 12. Jahrhunderts, ist von einer aus Laterit bestehenden 8 m hohen Mauer und einem Wassergraben umgeben. Besonders sehenswert sind der sogenannte Bayon – ein Tempel mit Gesichtertürmen – sowie die Stadttore aus Sandstein.

Angkor Wat
(unten)

Der um 1150 entstandene Tempelkomplex ist ein Zeugnis der architektonischen Meisterleistung der Khmer-Dynastie. Fünf blütenförmige Türme fassen den Haupttempel ein. Er ist eines der größten Heiligtümer der Welt und Motiv der Staatsflagge Kambodschas. Galerien sowie ein 4 km langer Wassergraben umgeben das Bauwerk, fein gearbeitete Skulpturen schmücken Wege und Terrassen.

China

Grotten, Mogao
(oben)

Bis ins 12. Jahrhundert hinein wurden die etwa 1000 Höhlen aus Sandstein herausgeschlagen, wobei 492 heute noch zugänglich sind. Ausgestaltet mit buddhistischen Motiven, dienten die Bauten Mönchen als Wohn- und Kultstätten. In Höhle Nummer 17 wurden knapp 50 000 eingemauerte Schriften entdeckt, die sakrale und alltägliche Begebenheiten beschreiben.

Kaiserlicher Sommerpalast, Chengde *(unten)*

1703 ließ Kaiser Kangxi (1654–1722) die Residenz erbauen, die eines der kunstvollsten Bauwerke chinesischer Architektur darstellt. Paläste, Tempel, Pagoden, umgeben von traumhaft angelegten Gärten, bilden das 5,6 km² große Areal, das für politische Treffen und der kaiserlichen Belustigung diente. Durch Kaiser Qianlong (1711–1799) fortgesetzt, wurde die letzte Erweiterung 1790 beendet.

Chinesische Mauer
(oben)

Im 3. Jahrhundert v. Chr. wurden erste Schutzwälle von chinesischen Kaisern in Auftrag gegeben, während der Ming-Dynastie wurde das Mauer-Patchwork in seiner heute bekannten Form vollendet. Der Verteidigungswall besteht aus verschiedenen, nicht immer zusammenhängenden Abschnitten, ist zwischen 6 und 9 m hoch, bis zu 8 m dick und misst nach neuesten Untersuchungen 8851 km.

Sommerpalast, Peking
(unten)

Der alte Kaiserpalast wurde im Stil des Barock im 18. Jahrhundert erbaut und steht als Ruine unweit des neuen Sommerpalastes: Seen, Bäche und Teiche finden sich neben schmucken Brücken, Türmen und Pagoden. Im 18. Jahrhundert erbaut und immer wieder erneuert, ist er heute Besuchermagnet Nummer 1 in Peking. Ein wunderbar ausgemalter, 728 m langer Wandelgang ziert die Anlage.

China Central Television Headquarters, Peking *(oben)*

Die Fassade des 2004 vom Niederländer Rem Koolhaas (* 1944) begonnenen Baus wurde zu den Olympischen Spielen 2008 fertiggestellt, und er zählt schon jetzt zu den aufsehenerregendsten Bauten der Gegenwart. Der Anblick dieses 234 m hohen, windschiefen, weit auskragenden Verwaltungsgebäudes ruft reines Staunen hervor und wirft die Frage auf, wie ein solch fantastischer Bau überhaupt möglich sein kann.

Nationalstadion, Peking
(unten links)

Das „Vogelnest" ist spätestens seit den Olympischen Spielen im Sommer 2008 weltbekannt. Von 2004–2008 errichtete das Schweizer Architektenteam Herzog & de Meuron diesen grandiosen Bau, der aufgrund seiner äußeren Form, eines 42 000 t schweren Stahlgerüstes, schnell zu seinem Spitznamen gelangte. Ohne modernstes Computerdesign wäre dieses Wunder der Statik wohl nicht zu errichten gewesen.

Verbotene Stadt, Peking
(unten rechts)

720 000 qm misst das ehemalige Zentrum des chinesischen Reiches, erbaut von 1406–1420, dessen Tore erst seit 1924 für die einfache Bevölkerung geöffnet werden. Der Komplex beherbergt zahlreiche Kunstschätze der Ming- und Qing-Dynastien. Kaiserliche Paläste, Höfe und ehrwürdige Hallen, so zum Beispiel die „Halle der höchsten Harmonie" mit dem Drachenthron, vermitteln einen Eindruck vergangener Pracht.

Himmelstempel, Peking
(rechte Seite unten links)

Das wohl wichtigste Gebäude innerhalb des zweifach ummauerten Tempelkomplexes ist die 38 m hohe Halle des Erntegebets. Nördlich davon befindet sich die Halle des Himmelsgewölbes mit seinen berühmten blau glasierten Dachziegeln. In der Struktur der beeindruckenden Anlage zeigt sich die Vorstellung des Universums aus Rechteck (Erde) und Kreis (Himmelsgewölbe).

Hängendes Kloster, Hunyuan
(oben)

Das Kloster Xuankongsi wurde im 6. Jahrhundert mitten an eine Felswand des Heng Shan-Gebirges gebaut. 40 „Gebäude", deren hintere Wand der bloße Fels ausmacht, sind durch Brücken und Holzstege miteinander verbunden. Die Pavillons selbst werden durch Holzstreben, die aus dem Stein ragen, abgestützt. 80 Statuen, Darstellungen von Buddha, Konfuzius und Lao-Tse, zieren das Kloster.

Yungang-Grotten, Datong
(unten)

Die frühen buddhistischen Höhlentempel entstanden von 460–525 n. Chr. und wurden aus Sandstein herausgeschlagen. In den über 252 Grotten befinden sich mehr als 50 000 buddhistische Figuren, einige davon messen in der Höhe über 15 m. Die Höhlen müssen aufgrund großer Verwitterung, insbesondere in den außen liegenden Bereichen, ständig restauriert werden.

Shaolinkloster, Songshan
(rechte Seite unten rechts)

Hoch in den Bergen gelegen und vom Mönch Ba Tuo 495 n. Chr. erbaut, nennt das Kloster 200 Pagoden verschiedener Stilrichtungen und Größen sein Eigen, den sogenannten Pagodenwald: Der Friedhof beherbergt die Leichname von Mönchen und Äbten aus über 1000 Jahren Klostergeschichte. Zudem ist das Kloster Ursprung des Zen-Buddhismus sowie der Entstehungsort verschiedener Kampftechniken.

Potala-Palast, Lhasa
(oben)

Der im 17. Jahrhundert erbaute Winterpalast war bis zur Flucht des 14. Dalai Lama 1959 Sitz der tibetischen Regierung. Im rot gefärbten Teil befanden sich die Wohn- und Regierungsräume und die Grabstätten der Dalai Lamas, im Weißen Tempel die Verwaltungs- und Lagerräume sowie die Wohnbereiche der Mönche. Auf 130 000 qm Grundfläche finden stolze 999 Zimmer Platz.

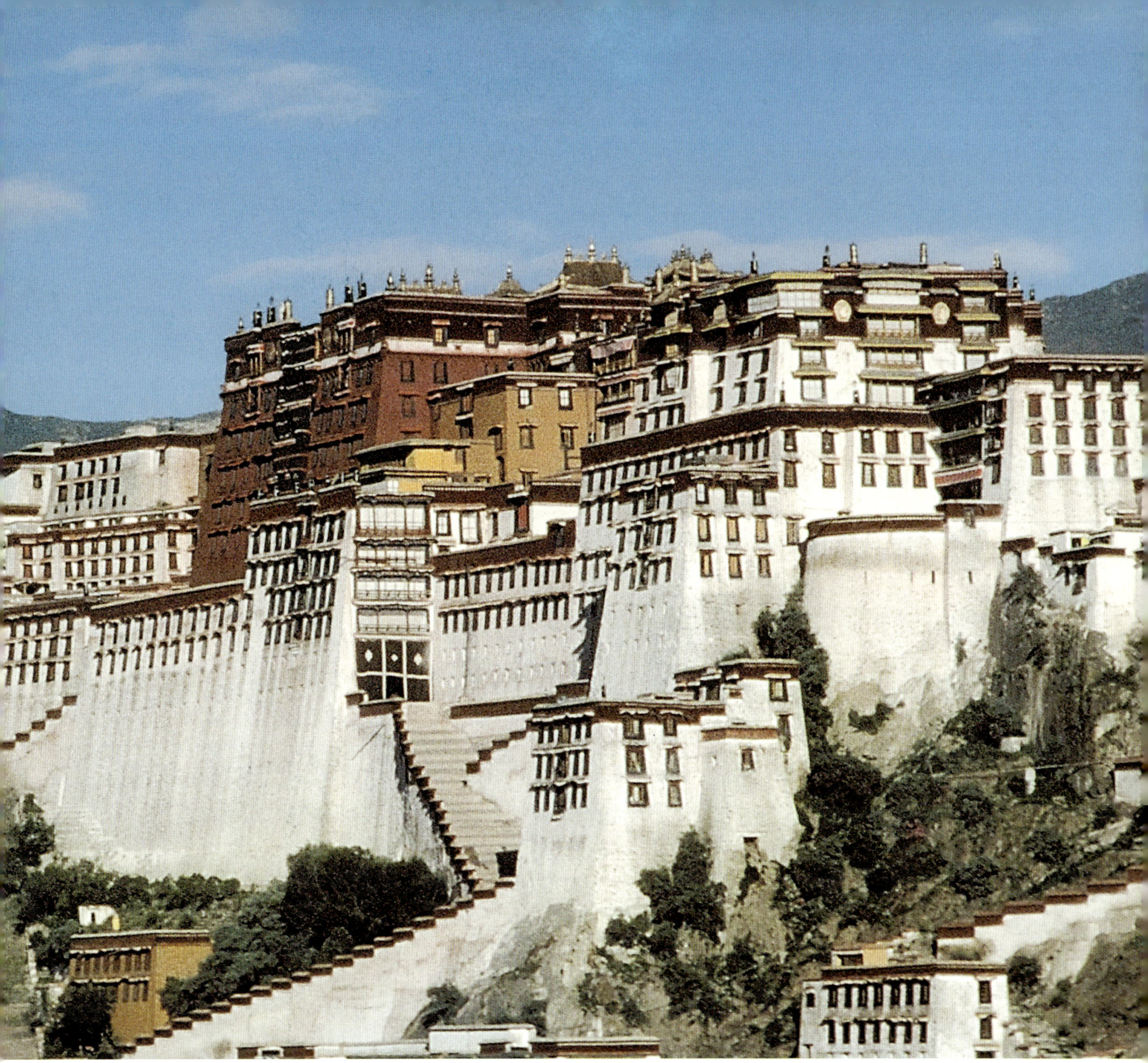
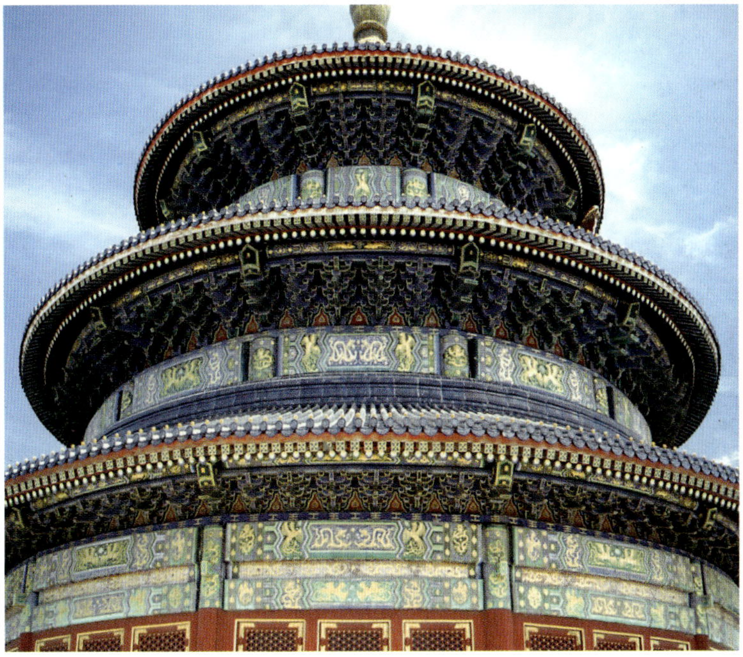
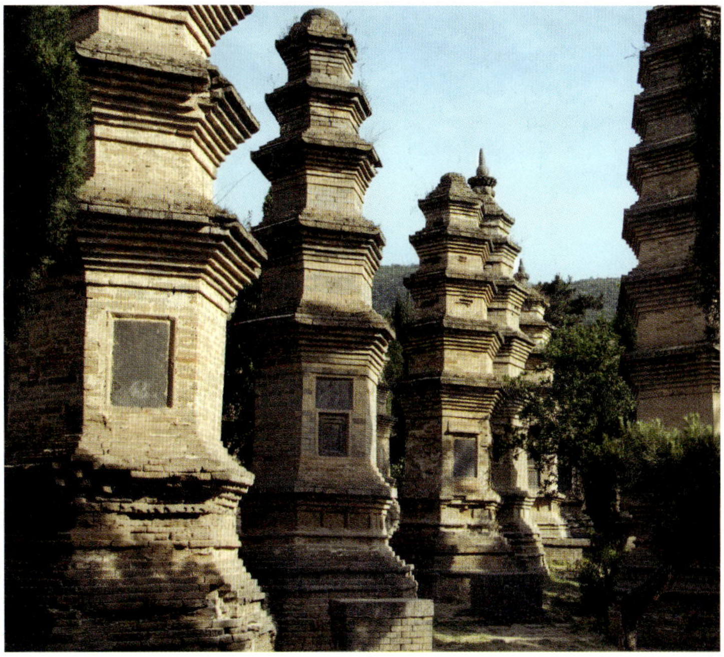

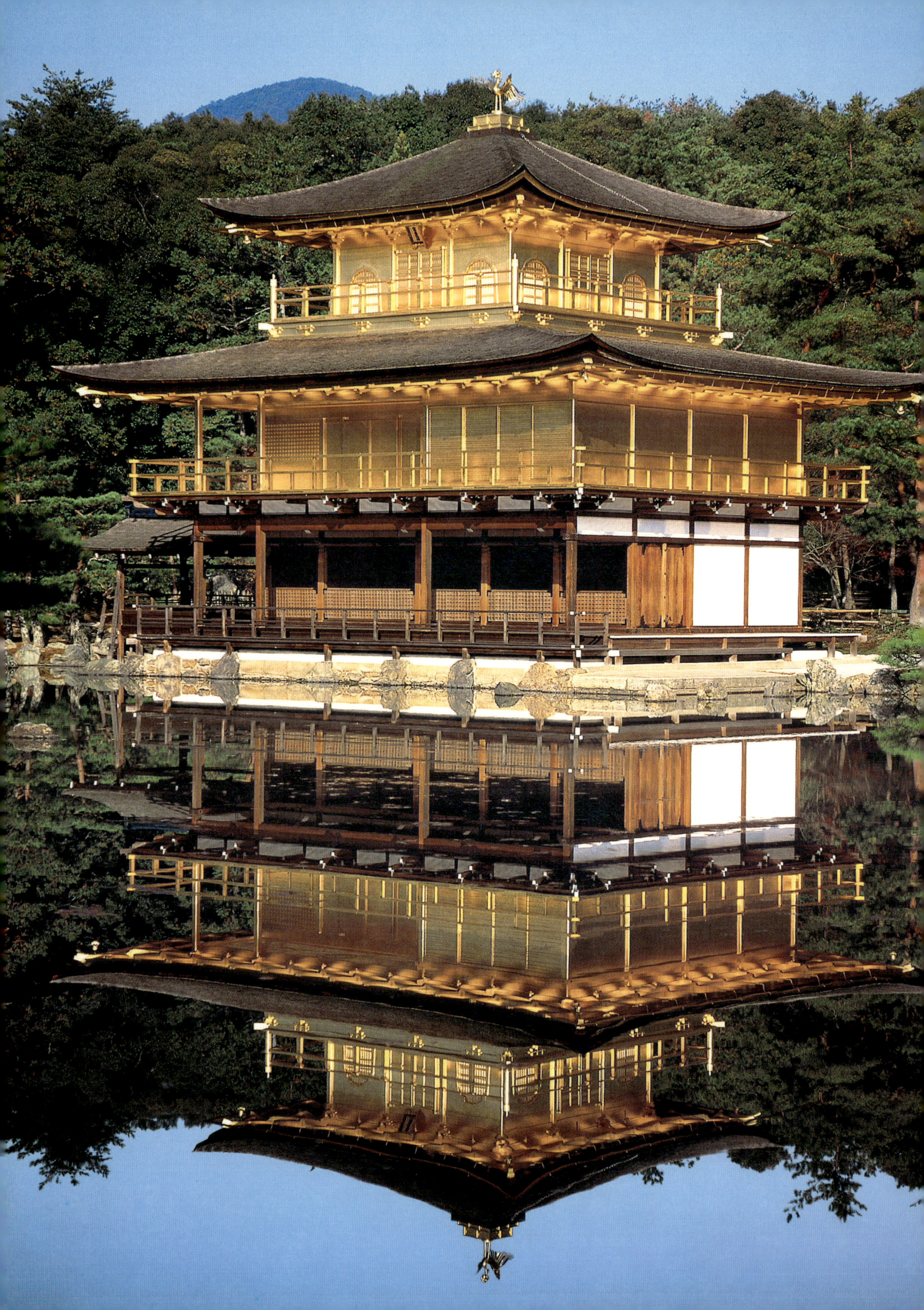

ASIEN UND OZEANIEN – Japan | 211

Japan

Kinkaku-ji, Kyoto *(linke Seite)*
Elegant und fast schwerelos scheint der Pavillon, umgeben von pittoresk angelegten Gärten, auf dem See zu schwimmen. 1397 wurde das goldene Bauwerk von Mönch Muso Soseki (1275–1351) errichtet – ohne einen Nagel zu verwenden – und zunächst als Teil einer Tempelanlage, später als Zen-Tempel genutzt. 1950 brannte der Wassertempel nieder und wurde neu errichtet und vergoldet.

Kaiserpalast, Kyoto *(unten links)*
Achtmal wurde die um 794 errichtete kaiserliche Palastanlage zerstört und wieder aufgebaut, zuletzt 1855. Umgeben von einem wunderbaren chinesischen Garten, dem Oike-niwa, finden sich auf dem Gelände der eigentlichen alten Palastanlage Kyoto Gosho 18 Gebäude, die durch Galerien verbunden sind. Bedeutsam ist die große Zeremonienhalle, in der der Kaiserthron stand.

Kiyomizu-dera, Kyoto *(unten rechts)*
An einem steilen Abhang inmitten des Waldes steht ein in Fachwerkbauweise errichteter Tempel mit einer auf Hunderten von Säulen ruhenden Terrasse. Die Haupthalle beinhaltet wunderschöne mit Blattgold verzierte Skulpturen. Der Name „Tempel des klaren Wassers" bezieht sich auf eine heilsame Quelle, die unterhalb der Haupthalle entspringt. Der Blick auf die Stadt Kyoto ist atemberaubend.

Horyu-ji, Nara *(oben)*
Die Anlage ist die älteste vollständig erhaltene buddhistische Tempelanlage Japans. Zugleich ist die Goldene Halle aus dem 7. Jahrhundert der älteste Holzbau der Welt. Die fünfstöckige Pagode sowie Torbogen und Wandelgang wurden während des Baekje-Reichs erbaut und bestechen durch ihre Eleganz und strenge Ordnung, beides typisch für die Anfänge klassisch japanischer Architektur.

ASIEN UND OZEANIEN – Japan

Todai-ji, Nara
(unten)

Der Tempel, der 745 von Kaiser Shomu (701–756) in Auftrag gegeben wurde, nennt die größte bronzene Buddhastatue Japans mit 16 m Höhe sein Eigen. Etwa 450 t Kupfer wurden zu seiner Errichtung benötigt. Der Sakralbau selbst ist das größte Holzgebäude der Welt. Erwähnenswert ist das Tor aus dem Jahr 1199. Zwei etwa 8,5 m hohe Statuen bewachen den Tempel.

Kansai International Airport
(oben)

Der Flughafen ist auf einer künstlichen Insel 5 km vor der Küste Osakas erbaut worden. Die Gebäude ruhen auf etwa 1000 Pfählen, die ein Absinken verhindern sollen. Die flügelförmige Flughafenhalle mit ihrer nach außen gewölbten Glasfront, erbaut vom italienischen Stararchitekten Renzo Piano (* 1937), soll der weltweit längste zusammenhängende Gebäudekomplex sein.

Burg, Himeji
(oben)
Die aufgrund ihrer weißen Farbe „Burg des weißen Reihers" genannte Anlage wurde im 14. Jahrhundert erbaut und 1581 vom Feldherr Toyotomi Hideyoshi (1537–1598) in ein Burgschloss, ein einzigartiges Beispiel mittelalterlicher Festungsbaukunst, umgebaut. Der berühmte fünfstöckige Hauptturm ragt über dem Gebäude empor. 1993 wurde die Anlage zum Weltkulturerbe ernannt.

Atombombenkuppel, Hiroshima
(unten)
Der sogenannte Atombombendom, die Überreste der alten Industrie- und Handelskammer Hiroshimas, ist heute das Wahrzeichen und Hauptdenkmal der Stadt. Seit 1996 zählt die Ruine aus Stahl und Beton, zerstört durch den Atombombenabwurf der US-Amerikaner am 6. August 1945, zum Weltkulturerbe. Groteskerweise ist sie dem Friedenspark gegenüber angesiedelt.

Taiwan

Taipei 101, Taipeh
(oben)

508 m Höhe und 101 Stockwerke bietet das momentan größte vollendete Bauwerk der Welt. Ein Stahlbetonskelett und angebrachte chinesische Glückssymbole schützen den Wolkenkratzer vor Erdbeben, das 660 t schwere Pendel im Inneren soll eklatanten Schwankungen entgegenwirken. Mit einer Geschwindigkeit von 60 km/h sind die Aufzüge im Taipei Financial Center die schnellsten der Welt.

Indonesien

Tempelanlage von Borobudur
(unten)

Um 850 wurde das auf neun Terrassen aus Lavagestein gelegene Bauwerk erschaffen, und es gilt als eines der größten buddhistischen Heiligtümer der Welt. Fünf Kilometer muss ein Pilger auf dem mandalaartigen Weg zurücklegen, vorbei an faszinierenden Reliefs, Buddhastatuen und den berühmten 72 Stupas, um den obersten Stupa, das Sinnbild der Erleuchtung, zu erreichen.

Tempel von Prambanan
(rechte Seite oben)

Die größte Tempelanlage Indonesiens wurde um 850 auf der Insel Java errichtet und besteht aus acht Haupttempeln – der höchste misst 47 m – sowie etwa 250 weiteren Tempeln. Typisch für die hinduistische Tempelarchitektur ist die hohe und spitze Form der Gebäude. Unübertreffliche Reliefs, die das Hinduepos Ramayana zum Thema haben, zieren die Hauptschreine.

Australien

Harbour Bridge, Sydney
(unten)

503 m überspannt die Bogenbrücke, der höchste Punkt des begehbaren Stahlgerüstes befindet sich stolze 134 m über dem Meer, und acht Spuren für Bahnen, Fahrradfahrer und Fußgänger laufen auf einer gigantischen Breite von 50 m. Der Ingenieur John J. C. Bradfield (1867–1943) erbaute die wegen ihrer speziellen Form „coat hanger" genannte Brücke von 1924–1932.

Neukaledonien

Opera House, Sydney
(oben)

Das international bekannte Wahrzeichen Sydneys wurde vom Dänen Jørn Utzon (1918–2008) entworfen und schimmert mit seinen weißen Keramikfliesen wie ein Segelschiff im Sonnenlicht. 67 m Höhe misst das grandiose Bauwerk, das von 1959 bis 1973 geschaffen wurde und an eine segmentierte Orange erinnern soll. Das Opernhaus birgt fünf Säle mit 5532 Sitzplätzen in luxuriösester Ausstattung.

Royal Exhibition Building, Melbourne *(rechte Seite unten)*

Das zum Weltkulturerbe der UNESCO zählende Bauwerk wurde 1880 vom bekannten australischen Architekten Joseph Reed (um 1823–1890) im viktorianischen Stil vollendet. Das Gebäude befindet sich in den Carlton Gardens und beherbergte von 1880–1881 die Weltausstellung Melbourne International Exhibition. Das prunkhafte Gebäude vereint byzantinische, romanische und Renaissanceelemente zu einem beeindruckenden Ganzen.

Jean-Marie-Tjibaou-Kulturzentrum, Nouméa *(rechte Seite oben)*

1998 wurde in Neukaledonien das kulturelle Zentrum der Kanak, der melanesischen Eingeborenen, eröffnet. Renzo Piano (*1937) erdachte die Anlage in Anlehnung an die Wohngebäude der Urbevölkerung: bis zu 33 m hohe, nach oben hin offene Bauwerke, bestehend aus Holzleisten und Stahl, gebogen in Richtung des Landesinneren. Ausstellungsräume, Bibliothek und Konferenzräume erfüllen das moderne Ensemble mit Leben.

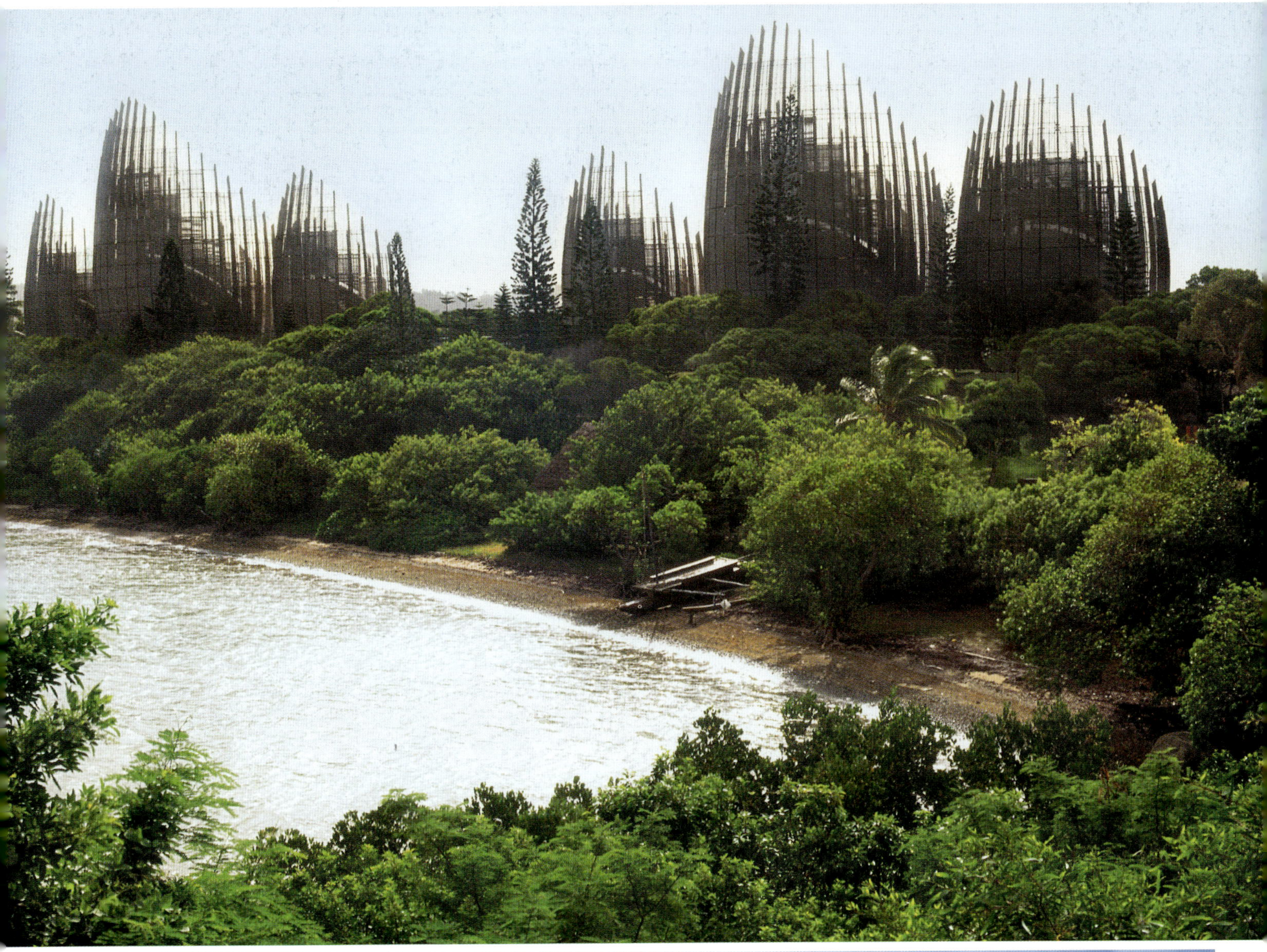

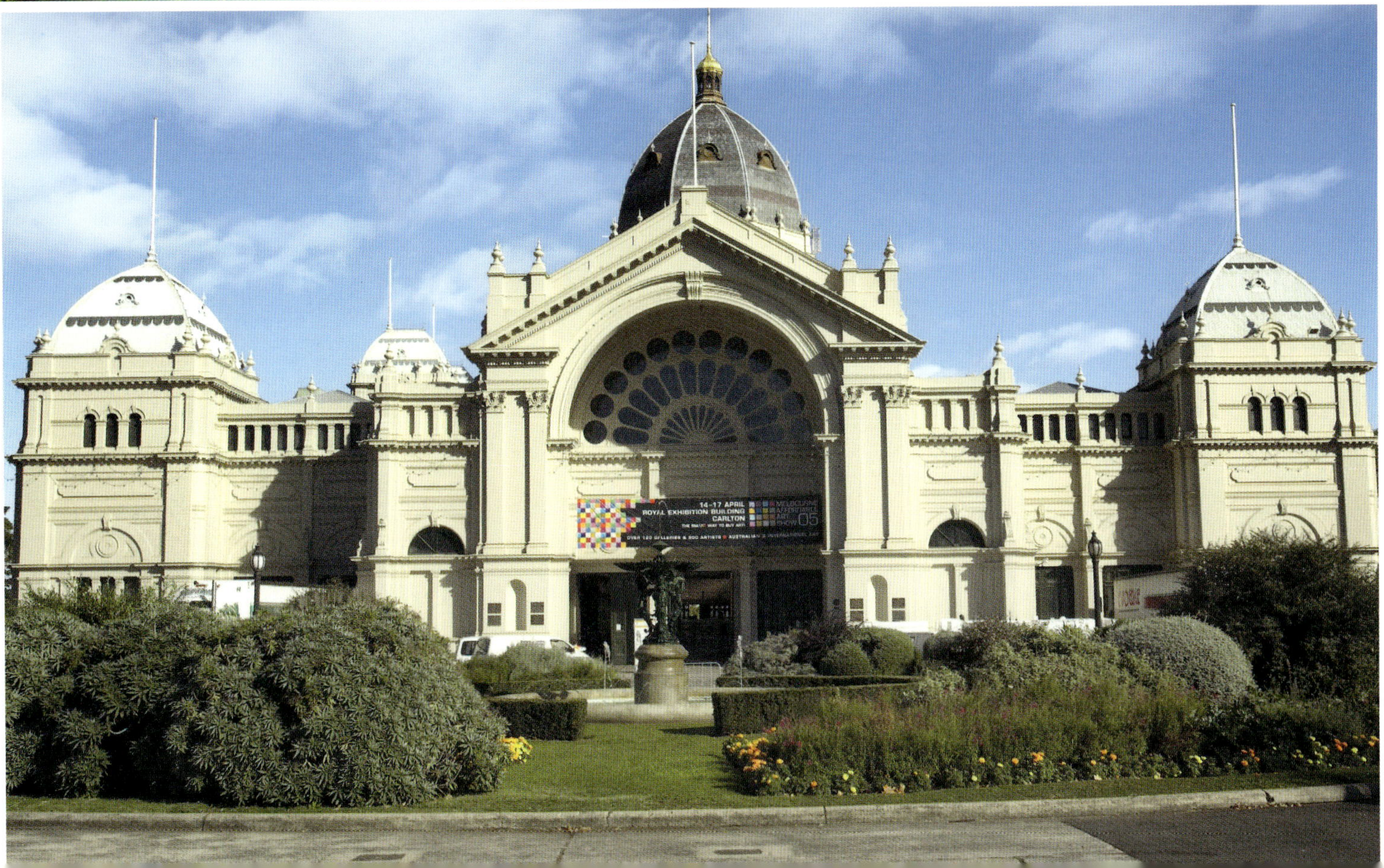
14–17 APRIL
ROYAL EXHIBITION BUILDING
CARLTON
05

AMERIKA

HÖHER, GRÖSSER, INNOVATIVER ...

Der gigantische Kontinent Amerika besticht durch seine unendliche Weite, durch seine an Wildwestromantik erinnernden Landschaften, durch seine traumhaft schönen Nationalparks am Amazonas und in Patagonien. Trotz der beeindruckenden, einzigartigen und einnehmenden Naturwunder verbindet man mit den nordamerikanischen Staaten vor allem auch immer ihren wichtigsten Beitrag zur Architekturgeschichte: den Wolkenkratzer. Im 19. Jahrhundert stand mit der Erfindung der Stahlkonstruktion und des Aufzugs dem Bau gigantischer, in den Himmel ragender Bürohäuser nichts mehr im Wege. Aber auch andere Bauwerke begeistern Touristen heute weltweit: die Golden Gate Bridge, die Freiheitsstatue und Frank Lloyd Wrights Guggenheim-Museum. Im Süden schließt sich Mexiko mit seinen jahrhundertealten Maya- und Aztekenruinen an und bereitet auf das geheimnisumwitterte Reich der Inka mit seinen steinernen Monumenten in Südamerika vor. Mit dem Hereinbrechen der Konquistadoren wurde als radikaler Bruch mit den Traditionen der baukünstlerische Stil Europas, meist in Form von prächtigen barocken Kathedralen und Palästen, nach Südamerika gebracht. Von der bloßen Ziegelbauweise der frühen Kulturen bis zur beeindruckenden Stahlbetontechnik in den Skylines von New York City, Chicago und Rio de Janeiro – der amerikanische Kontinent schafft einen architektonischen Spagat, der weltweit nicht seinesgleichen hat.

Kanada

Habitat 67, Montreal
(oben)

Seine Abschlussarbeit, die für die Weltausstellung 1967 gebaut wurde, machte Moshe Safdie (* 1938) schlagartig weltbekannt: Die am Ufer des St.-Lorenz-Stromes übereinandergeschachtelten Häuserquader waren eine rigorose Abkehr von den Traditionen der Baukunst. Im Zeitalter der Bevölkerungsexplosion konstruierte Safdie eine Siedlung aus standardisierten Fertigteilen.

The Biosphère, Montreal
(unten)

Richard Buckminster Fuller (1895–1983) experimentierte schon seit den 1950er-Jahren mit räumlichen Tragwerken, die den Bau von stützenfreien und gleichzeitig klimatisch geschützten Räumen in gewaltigen Dimensionen ermöglichen sollten. Für die Weltausstellung 1967 konnte er seine größte geodätische Kuppel verwirklichen. Diese Kuppelkonstruktionen sind sehr stabil und materialarm.

USA

Glass House, New Canaan
(unten)

Mehr Reduktion ist nicht mehr möglich, mehr Transparenz auch nicht: Philip Johnsons (1906–2005) 1949 errichtetes Wohngebäude war eine Sensation. Die Außenwände des Hauses sind komplett verglast. Nur die Nasszelle ist in einem geschlossenen Zylinder untergebracht. Nachfolger hatte der Bau keine, er konnte wohl nur hier, auf einem riesigen Grundstück von neugierigen Blicken abgeschottet, entstehen.

Solomon R. Guggenheim Museum, New York *(oben)*

Eine der einzigartigsten Kunstsammlungen der Welt ist in einem der berühmtesten Gebäude der Welt untergebracht: 1956–1959 errichtete Frank Lloyd Wright (1867–1959) diesen Bau, der jede bisherige Vorstellung von einem Museum sprengte. Vom obersten Punkt der an ein Schneckenhaus erinnernden Rotunde wird der Besucher über eine spiralförmige Rampe nach unten an den Kunstwerken vorbeigeleitet.

AMERIKA – USA

Sony Building, New York
(unten)

Der mit rosafarbenem Granit verkleidete Wolkenkratzer wurde 1980–1984 von Philip Johnson (1906–2005) errichtet. Das ehemalige AT&T Building ist ein Hauptbeispiel der Postmoderne und leitete einen entscheidenden Wandel des Hochhausbaus ein: weg vom Funktionalismus, hin zur Repräsentation. Die Unterteilung in Sockel, Schaft und Giebel ist deutlich erkennbar. Eklektizismus wird hier zum Kunstprinzip erhoben.

Grand Central Station, New York *(rechte Seite oben)*

Das 1913 eröffnete, von Warren & Wetmore entworfene Gebäude ist bis heute der größte Bahnhof der Welt. Er verfügt über 44 Bahnsteige, an denen 67 Gleise enden. Der Höhepunkt dieser gigantischen Bahnhofskathedrale ist sicherlich die 38 m hohe und 2500 qm große Halle, der Main Concourse, an deren Decke der Sternenhimmel – allerdings spiegelverkehrt – abgebildet ist.

Rockefeller Center, New York
(rechte Seite unten links)

Unter der Leitung von Raymond M. Hood (1881–1934) entstand ab 1931 etwas völlig Neues in der modernen Architektur: Nicht ein Hochhaus, sondern ein ganzer Gebäudekomplex, der heute aus 21 Hochhäusern besteht, wurde mitten in der Stadt errichtet. Das berühmteste der verschiedenen, aber stilistisch einheitlich im Art-Déco-Stil errichteten Bauten ist das General Electric Building mit der Eislaufbahn zu seinen Füßen.

Seagram Building, New York
(rechte Seite unten rechts)

Dieser strenge, weltberühmte Hochhausturm mit seiner scheinbar endlos gerasterten Fassade aus Bronze und Glas gilt als Ludwig Mies van der Rohes (1886–1969) Meisterwerk und zugleich als exemplarischer Vertreter des „International Style". Durch die Verwendung teuerster Materialien und seine üppige Innenausstattung war der Bau zu seiner Entstehungszeit das teuerste Gebäude der Welt.

LEXINGTON AVE
SUBWAY & 42ND ST
INFORMATION
Security checks can occur on trains and at stations. Please cooperate fully with Metro-North and law enforcement personnel.
TIME TRK

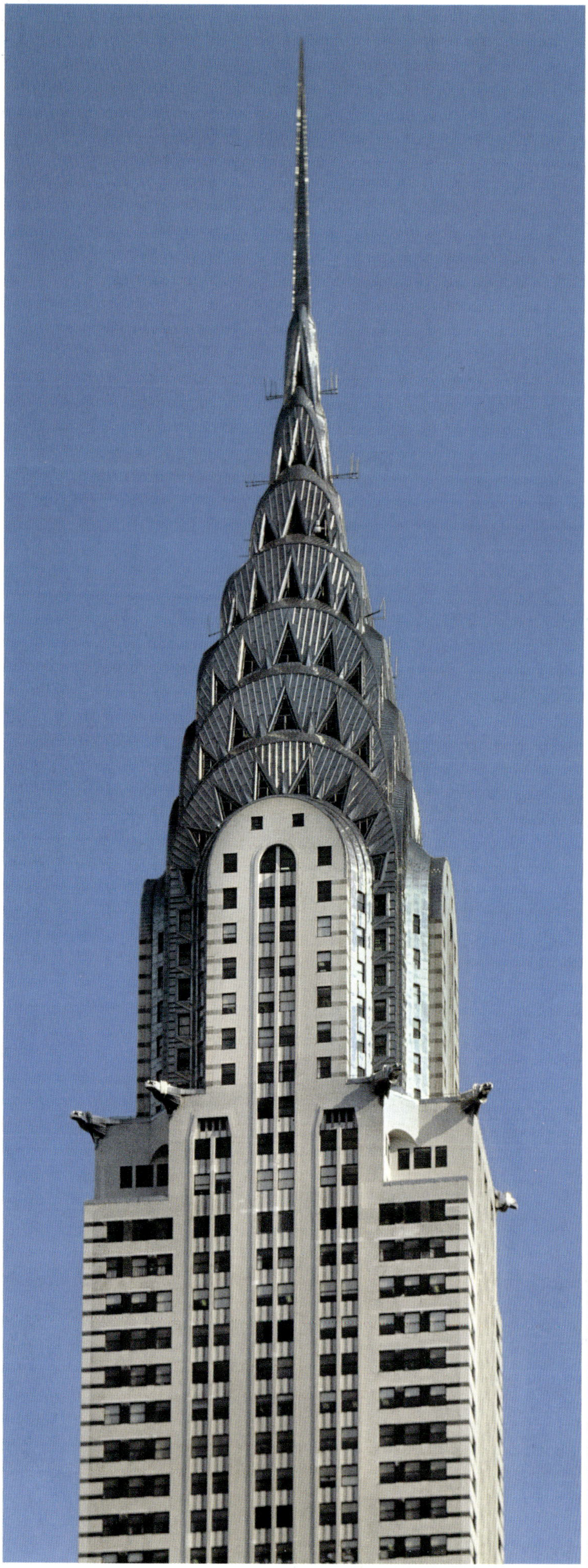

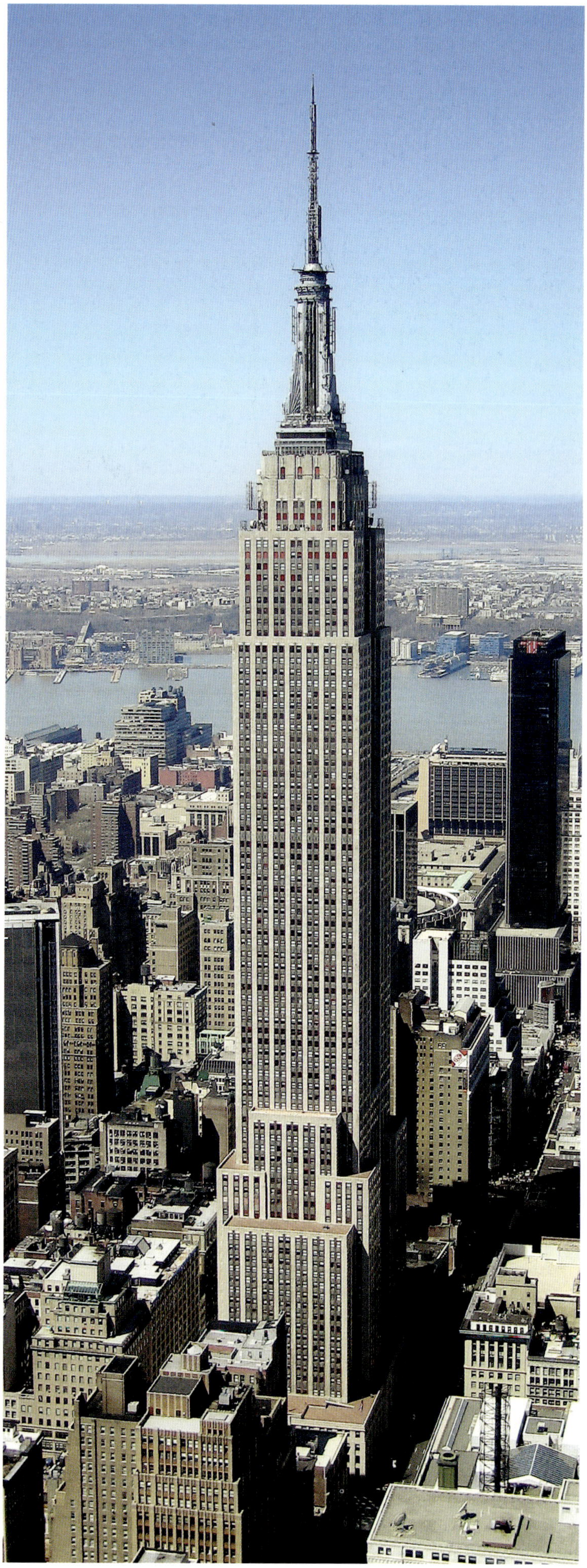

Chrysler Building, New York
(linke Seite links)

Ein Bauwerk, das die Menschen zum Staunen brachte, ist William van Alen (1883–1954) mit seinem ab 1928 errichteten Hochhaus gelungen. Mit 319 m war es seinerzeit das höchste Gebäude der Welt und fand durch seinen Art-Déco-Stil etliche Nachfolger. Die berühmte, 56 m hohe Stahlspitze, der sogenannte „Vertex", ist reine Dekoration und wurde in nur 90 Minuten aufgesetzt.

Brooklyn Bridge, New York
(oben)

1869–1883 von John August Roebling (1806–1869) begonnen, galt die 2000 m lange Brücke damals als längste Hängebrücke der Welt. Die beiden neugotischen Pylonen aus Sandstein und das zarte Geflecht aus 22 km Stahlseil machen die Brücke zu einer der faszinierendsten der Welt. Sie gibt Raum für sechs Fahrspuren und einen oberhalb der Autostraßen angelegten Fußweg

Empire State Building, New York
(linke Seite rechts)

Der Wolkenkratzer ist New Yorks Wahrzeichen und weltweit eines der bekanntesten Hochhäuser. Mit 443 m war es auch für 41 Jahre das höchste Gebäude. Es besteht hauptsächlich aus Stahlkonstruktionen, die etagenweise aufeinandergesetzt wurden. Jährlich besuchen über drei Millionen Touristen das Gebäude, von dessen Aussichtsplattform aus man über 100 km weit sehen kann.

Flatiron Building, New York
(unten)

1902 errichtete Daniel Hudson Burnham (1846–1912) eines der großen Wahrzeichen New Yorks. Das 86 m hohe, auf einem spitzwinkligen, bügeleisenförmigen (daher der Name) Grundriss errichtete Gebäude zählt zu den ältesten Hochhäusern der Welt. Trotz seiner historisierenden Fassade war es hochmodern, da es als eines der ersten Gebäude ein Stahlgerüst besaß.

Rock and Roll Hall of Fame, Cleveland (unten)

„Die Konzeption dieses Gebäudes soll die Energie des Rock 'n' Roll widerspiegeln" – so beschrieb Ieoh Ming Pei (* 1917) seinen 1993–1995 errichteten Museumsbau für Persönlichkeiten, die die Geschichte des Rock 'n' Roll maßgeblich beeinflusst haben. Türme, Glaspyramiden und ein Eingangsbereich, der an ein Grammophon erinnert, zeichnen dieses grandios verschachtelte Gebäude aus.

Fallingwater, Mill Run (rechte Seite)

Das 1935–1937 von Frank Lloyd Wright (1867–1959) für den Pittsburgher Warenhausbesitzer Edgar J. Kaufmann erbaute Wohnhaus gehört zu den Ikonen der modernen Architektur. Der über einem Wasserfall errichtete Baukörper passt sich den Abstufungen der Sandsteinblöcke an und vermittelt das Gefühl von perfekter Harmonie mit der Natur.

Woolworth Building, New York (oben links)

1910–1913 errichtete Cass Gilbert (1859–1934) dieses 241 m hohe Gebäude, das heute als „Kathedrale des Kommerzes" bezeichnet wird und bei seiner Fertigstellung als „achtes Weltwunder" angesehen wurde. Der technisch weit in die Zukunft weisende Bau ist gleichzeitig der Höhepunkt des Eklektizismus, da er von Gilbert in ein gotisches Gewand mit Zinnen und Wasserspeiern gehüllt wurde.

Statue of Liberty, New York (oben rechts)

Die wohl bekannteste Statue der Welt, ein Geschenk Frankreichs an die Vereinigten Staaten, wurde am 28. Oktober 1886 eingeweiht. Der klassizistische Sockel, der die Skulptur trägt, ist 55,5 m hoch, die bronzene Statue selbst misst stolze 45 m und wiegt 225 t. Gustave Eiffel (1832–1923) schuf das stützende Skelett, Frédéric Bartholdi (1834–1904) die Außenhaut. Im Inneren der Krone kann der Besucher eine Aussichtsplattform erklimmen.

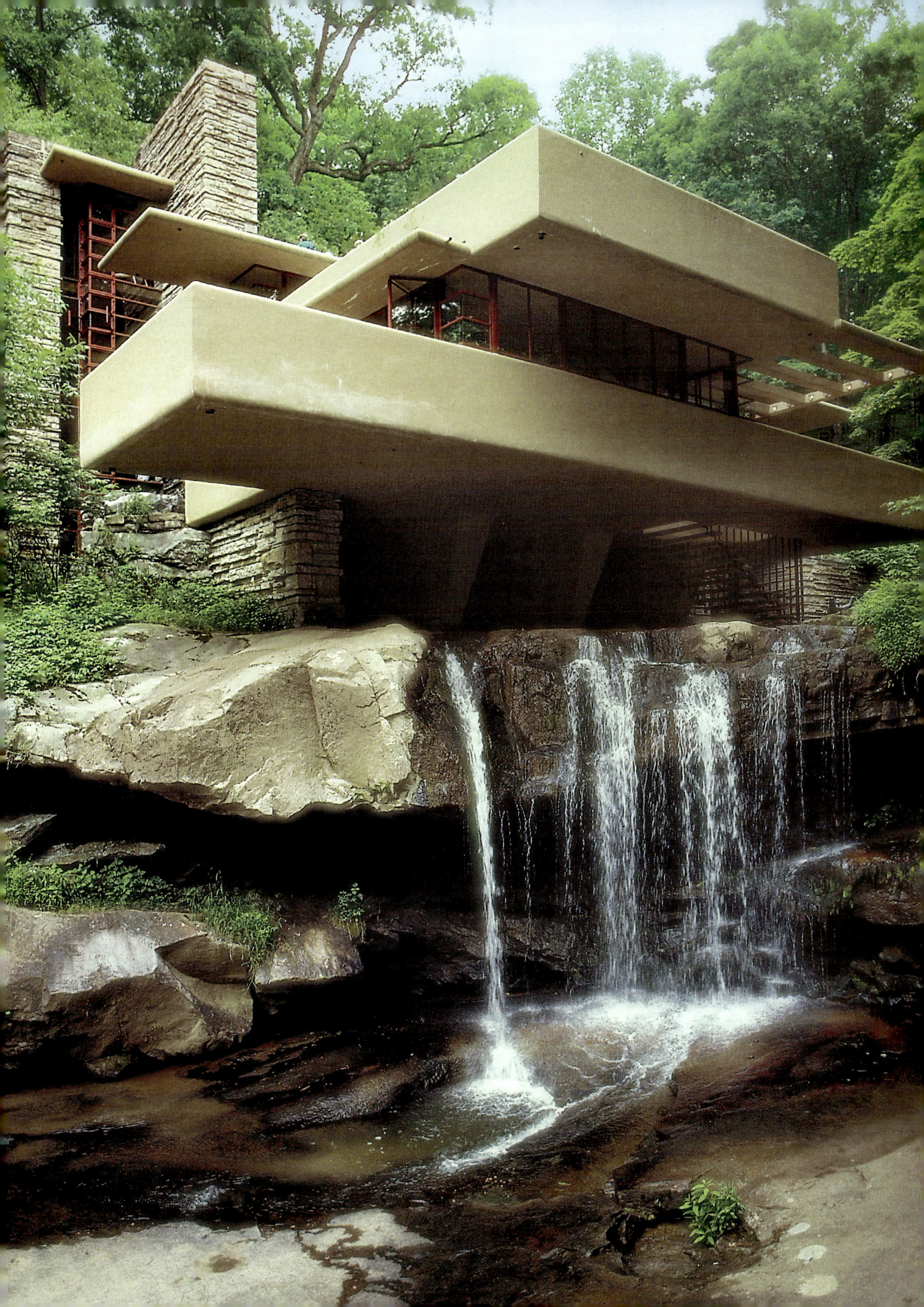

Contemporary Arts Center, Cincinnati *(oben)*

Das 1999–2003 entstandene CAC ist die erste große städtebauliche Arbeit von Zaha Hadid (* 1950) und das erste Museum Amerikas, das von einer Frau errichtet wurde. Das Äußere erweckt den Eindruck aufeinandergestapelter Kisten. Die schwarze Stahlrampe im Inneren und die ineinandergreifenden Baukörper mit ihrer minimalistisch gestalteten Oberfläche hinterlassen einen überwältigenden Eindruck.

National Gallery of Art East Building, Washington *(Mitte)*

„Meister des Lichts", „Magier des Raums" und „Vollender der klassischen Moderne" wurde er genannt. Die Rede ist von Ieoh Ming Pei (* 1917), der mit dem ab 1968 errichteten Erweiterungsbau sein Meisterwerk ablieferte. Hauptattraktion dieses streng geometrischen Baus, der die Auszeichnung "One of America's Ten Best Buildings" erhielt, ist die unterirdische Verbindung von Alt- und Neubau.

Lincoln Memorial, Washington *(unten)*

Dieses Denkmal zu Ehren Abraham Lincolns wurde von Henry Bacon (1866–1924) entworfen und 1915–1922 errichtet. Der mächtige dorische Tempel wird von 36 Säulen gestützt, die die 36 Staaten der Föderation zum Zeitpunkt der Ermordung Lincolns im Jahr 1865 symbolisieren. Die gewaltige, aus 28 Einzelteilen zusammengesetzte Statue des Präsidenten ist ein Werk von Daniel Chester French (1850–1931).

United States Capitol, Washington (oben)

Der Sitz des amerikanischen Kongresses wurde ab 1793 von William Thornton (1759–1828), Benjamin Latrobe (1764–1820) und später von Thomas U. Walter (1804–1887) errichtet. Der Bau ist ein erstklassiges Zeugnis für die auf Thomas Jefferson zurückgehende klassizistische Bewegung in den USA. Ein Portikus, lange Fassaden mit flankierenden Pavillons und eine zentrale Kuppel charakterisieren die Regierungsgebäude dieser Zeit.

The Pentagon, Washington (unten)

In nur zwei Jahren wurde dieser gigantische Bau 1941–1943 von George Bergstrom (1876–1955) errichtet. Das fünfeckige Verwaltungsgebäude, der Hauptsitz des US-amerikanischen Verteidigungsministeriums, ist das größte Bürogebäude der Welt. Obwohl die Korridore eine Gesamtlänge von fast 30 km haben, ist jeder Punkt des Gebäudes von jedem anderen Punkt in nur sieben Minuten erreichbar.

White House, Washington
(unten)

Dieser legendäre Bau, Amtssitz und offizielle Residenz der amerikanischen Präsidenten, wurde ab 1792 von James Hoban (um 1758–1831) errichtet. Das Gebäude lehnt sich stark an die englische Landhausarchitektur an, wurde also in erstaunlich altertümlicher Form, zudem noch im Stil der einstigen Kolonialherren errichtet. Seinen charakteristischen Portikus erhielt der Bau durch Benjamin Latrobe (1764–1820).

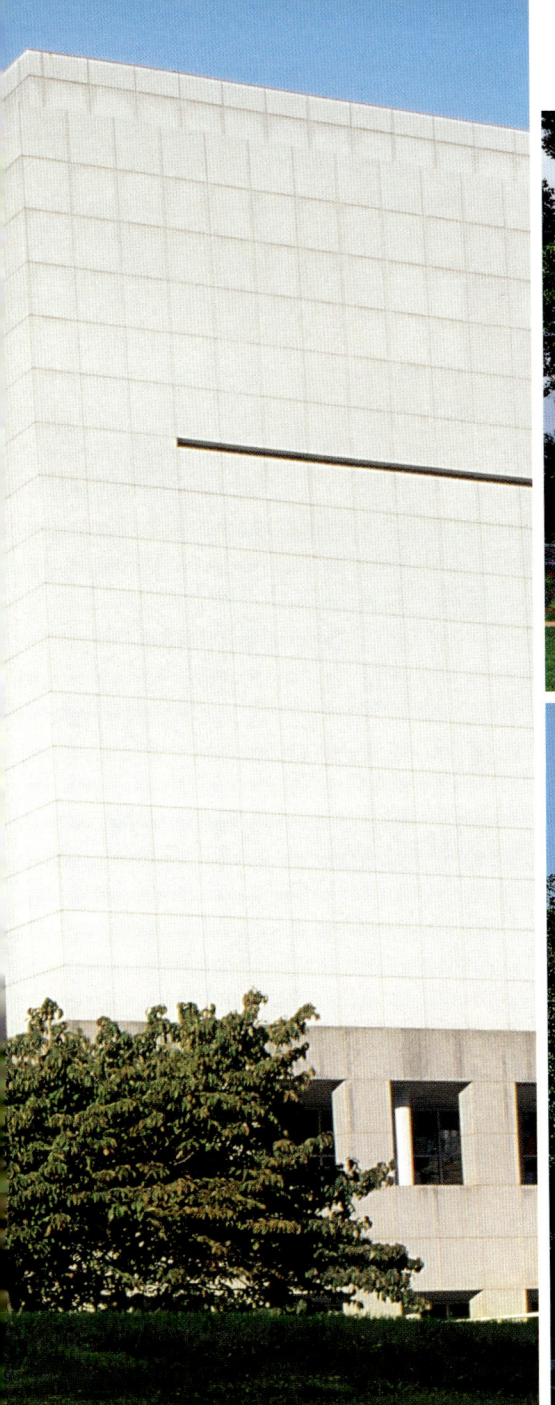

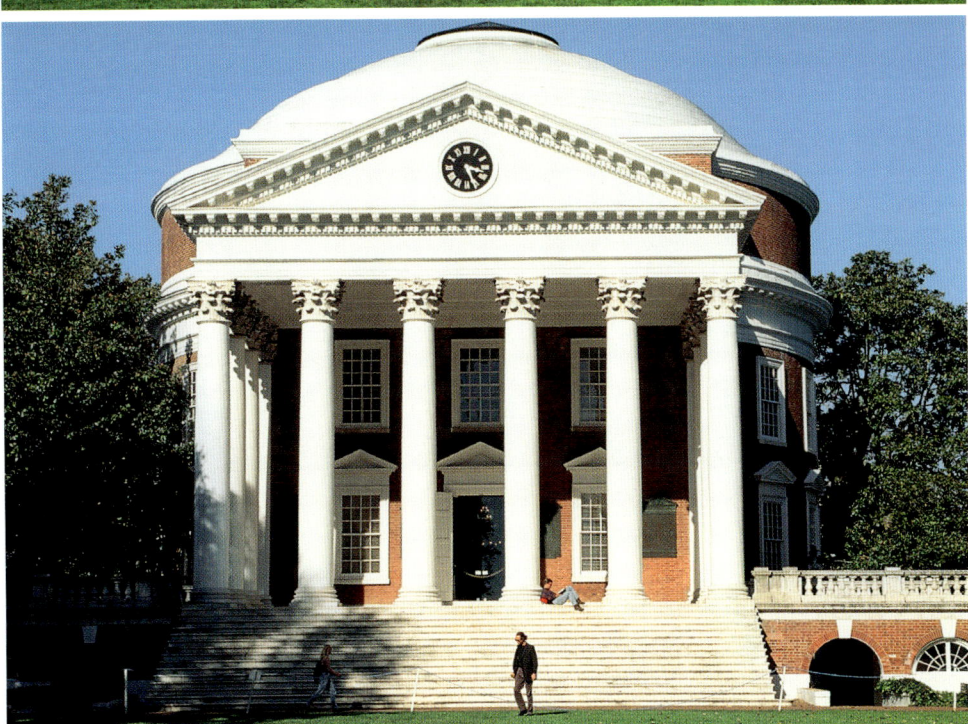

High Museum of Art, Atlanta
(linke Seite oben)

Seine Gebäude sind berühmt für das harmonische Zusammenspiel strenger geometrischer Formen. Das Markenzeichen Richard Meiers (* 1934) sind lichtdurchflutete Räume und die Farbe Weiß. Eines seiner berühmtesten Werke wurde 1980–1983 errichtet. Seit der Eröffnung des Meier-Baus konnte sich das Museum vor Besuchern nicht mehr retten, sodass ab 1999 eine Erweiterung durch Renzo Piano (* 1937) notwendig wurde.

Monticello, Charlottesville
(oben)

Der dritte Präsident der USA war gleichzeitig der Wegbereiter der Architektur des unabhängigen Nordamerika. Ab 1768 erbaute Thomas Jefferson die Villa als seinen Landsitz. Das Pantheon und die Bauten Andrea Palladios waren die Vorbilder. Das breit gelagerte Bauwerk ist komplett in die Natur eingebettet und mit viel neuer Technik ausgestattet.

University of Virginia, Charlottesville *(unten)*

Die von Thomas Jefferson (1743–1826) gegründete und 1817–1826 errichtete Universität ist sein architektonisches Hauptwerk. Sie ist ein frühes Beispiel der „Campus-Universität", in der verschiedene Gebäude locker in die Landschaft gruppiert sind. Überall finden sich Zitate aus dem antiken Rom. Die Grünflächen verstärken den Eindruck eines wissenschaftlichen Arkadiens zusätzlich.

Gateway Arch, St. Louis
(oben)

Der riesige, 192 m hohe Bogen ist das Wahrzeichen von St. Louis und das Zentrum des Jefferson National Expansion Memorial Park. Eero Saarinen (1910–1961) entschied den landesweiten Wettbewerb für sich und begann 1947 den langjährigen Bau dieses Wunderwerkes. In einem ausgeklügelten Transportsystem werden die Besucher auf die Aussichtsplattform im Scheitel des Bogens befördert.

Auditorium Building, Chicago
(Mitte)

Dieser 1887–1890 von Dankmar Adler (1844–1900) und Louis Sullivan (1856–1924) errichtete Multifunktionsbau ist das erste Meisterwerk der Architekturgeschichte Amerikas. Mit seinem 17 Stockwerke hohen Turm war der Bau das höchste Gebäude der Welt. Der Bau hatte zwar noch kein Stahlskelett, doch waren die mehrere Stockwerke zusammenfassende Fassadengliederung und die extravagante Innenausstattung revolutionär.

Marina City, Chicago
(unten)

1959–1964 wurden die beiden identisch aufgebauten, je 179 m hohen Zwillingstürme („Maiskolben") von Bertrand Goldberg (1913–1997) als „Stadt in der Stadt" errichtet. Unten Parkhaus und oben Wohn- und Büroanlage, standen die um einen zentralen Versorgungskern errichteten Türme im krassen Gegensatz zur geraden, rechtwinkligen zeitgenössischen Architektur.

Central Library, Seattle *(oben)*

Die Eröffnung der Bibliothek 2004 entfachte Begeisterung bei der internationalen Presse. Rem Koolhaas (* 1944) hatte ein weiteres Meisterwerk geschaffen: Eine durchsichtige Konstruktion aus fünf übereinandergestapelten Glaskästen wird durch ein Netz aus Stahl- und Kupferverstrebungen zusammengehalten. Auch das Innere steckt voller überraschender und extravaganter Ideen.

Unity Temple, Oak Park *(unten)*

1905–1908 errichtete Frank Lloyd Wright (1867–1959) dieses Gotteshaus, das mit allen Traditionen der amerikanischen Sakralbaukunst brach. Er errichtete einen Stahlbetonbau, der von außen so abweisend wie ein Mausoleum wirkt. Im reich gegliederten Inneren verwirklichte Wright erstmals seine Vorstellung, dass das Zentrum eines Gebäudes dessen Raum und nicht dessen Wände bilden müsse.

Frederic C. Hamilton Building, Denver Art Museum, Denver *(oben)*

2003–2006 erweiterte Daniel Libeskind (* 1946) das Museum um das spektakuläre Hamilton Building und schuf mit seiner mit Titanblech verkleideten kristallinen Struktur ein neues Wahrzeichen Denvers. Libeskind verweigert sich dem rechten Winkel und der lotrechten Wand und spaltet das Gebäude in asymmetrische Baukörper auf, die er ineinander verschiebt oder auseinanderkippen lässt.

Public Service Building, Portland *(unten links)*

1982 errichtete Michael Graves (* 1934) das erste große Gebäude der Postmoderne in den USA. Bei diesem häufig kritisierten Bau ist die Einheit von Material und Farbe aufgegeben, teilweise auch die Geschlossenheit der Oberfläche. Der verwendete Dekor war in der Planung noch wesentlich reicher angelegt. Versatzstücke anderer Stilrichtungen finden sich überall.

United States Air Force Academy, Colorado Springs *(unten rechts)*

1954 begannen die Arbeiten am 73 km² großen Campus der US Air Force. Die von Skidmore, Owings and Merrill entworfenen Bauten zeichnen sich durch einen klaren modernen Stil aus. Die hauptsächliche Verwendung von Aluminium verweist auf die Welt des Fliegens. Höhepunkt der Anlage ist die an startende Kampfjets erinnernde Kapelle mit ihrem einmalig atmosphärischen Innenraum.

Chapel of Thanksgiving, Dallas
(oben)

Der 1976 vollendete, von Philip Johnson (1906–2005) geplante „Thanks-Giving Square" im Herzen von Dallas ist ein öffentlicher Ort der Stille und Meditation. Eine lange Brücke führt zum Eingang der schneeweißen, spiralförmigen Kapelle. Die Buntglasfenster im Inneren der Spirale, „The Glory Window", werden zur Spitze hin gleichmäßig heller und bilden einen der größten Buntglaszyklen der Welt.

Cliff Palace, Mesa Verde National Park *(unten)*

Die verlassene, geheimnisumwobene Felsensiedlung der Anasazi-Indianer ist eine von etwa 600 Klippensiedlungen im Nationalpark. 23 halb- oder komplett unterirdische Kivas – runde Kult- und Versammlungsräume – sowie etwa 200 Lehmhäuser gaben immerhin etwa 40 000 Stammesangehörigen Lebensraum. Jede Kiva ist mit Sitzplätzen, einer Feuerstelle und einem Belüftungssystem ausgestattet.

Pueblo de Taos
(oben)

1992 wurde dieser einmalige Ort im Norden New Mexicos in die Liste des Weltkulturerbes aufgenommen. Es handelt sich wahrscheinlich um das älteste Dorf Amerikas, das im 10. Jahrhundert von Anasazi-Indianern gegründet wurde und sein ursprüngliches Aussehen bis heute weitgehend erhalten hat. Trotzdem ist es kein Museumsdorf, sondern lebendiges Kulturerbe und das Symbol der Ureinwohner Amerikas.

AMERIKA – USA | 237

Golden Gate Bridge, San Francisco (oben)

Der Konstrukteur Joseph B. Strauss (1870–1938) beendete die gigantische Brücke mit ihrer Länge von 2732 m – damit ist sie die achtlängste der Welt – im Jahr 1937 nach nur vierjähriger Bauzeit. Die Hängebrücke, die neben der Freiheitsstatue das weltweit bekannteste Wahrzeichen der USA ist, trägt sechs Fahrbahnen auf einer Breite von 27 m, die Türme messen stattliche 227 m in der Höhe.

Museum of Modern Art, San Francisco (linke Seite unten)

Das erste Projekt, das der Schweizer Mario Botta (* 1943) in den USA verwirklicht hat, gehört zu den provokativsten und eindrucksvollsten Bauten San Franciscos. 1992–1995 wurde der postmoderne Bau errichtet. Inmitten rechteckiger Ziegelsockel erhebt sich ein schräg abgeschnittener Zylinder aus zweifarbigem Marmor. So modern die Kunst im Inneren ist, so modern wirkt auch die sie umhüllende Architektur.

Walt Disney Concert Hall, Los Angeles (unten)

1999–2003 errichtete Frank O. Gehry (* 1929) das heftig umstrittene, aber mittlerweile zu den bedeutendsten Konzerthäusern der Welt und zu den Juwelen der modernen Architektur zählende Gebäude. Der Bau aus rostfreiem Stahl erinnert an ein gewaltiges Segelschiff mit gebogenen und gewellten Umrissen. Beeindruckend ist die Extravaganz der Formen, die jeglichen Regeln der Baukunst zu widersprechen scheint.

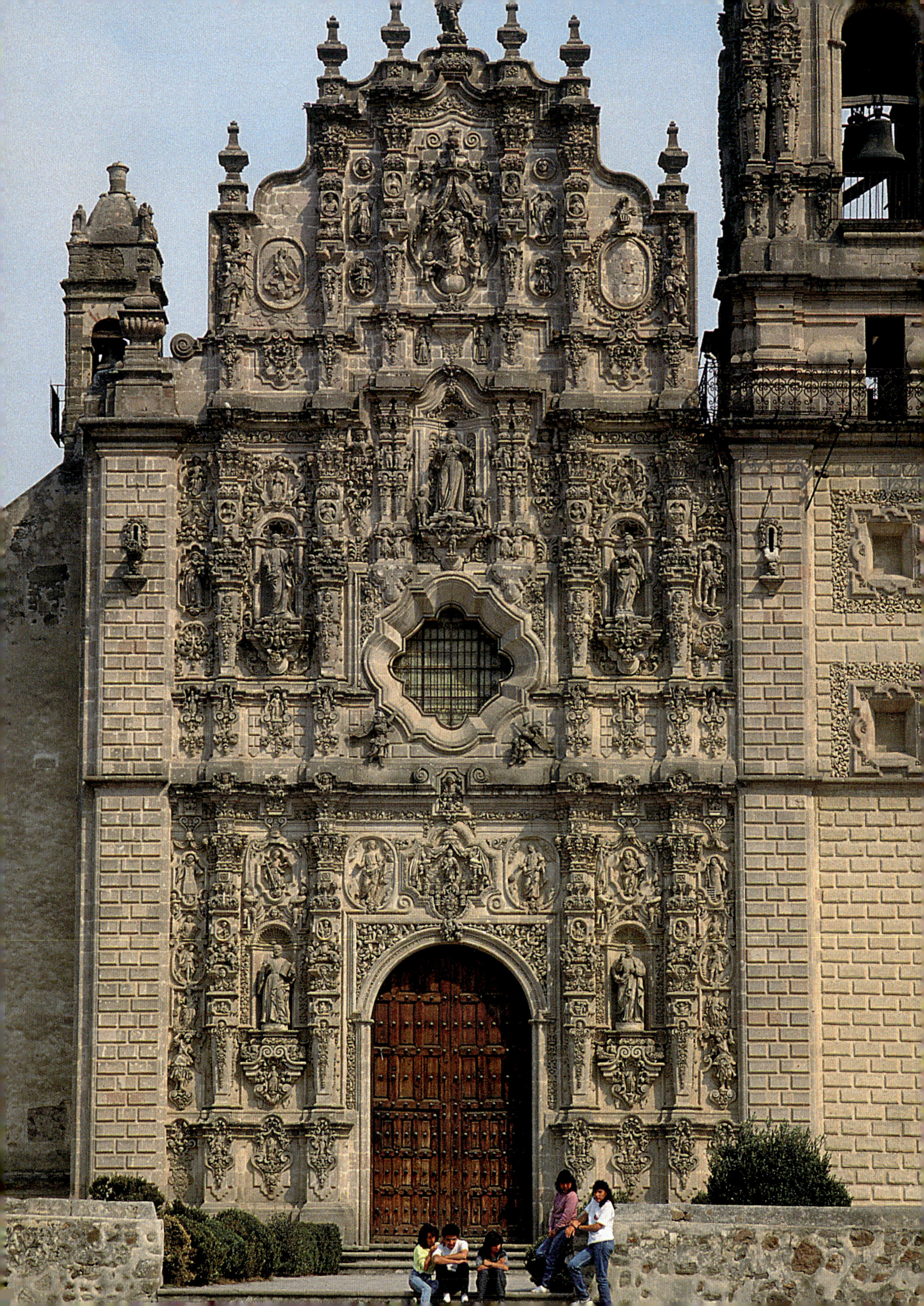

AMERIKA – Mexiko | 239

Catedral Metropolitana de la Asunción de María, Mexiko-Stadt *(oben)*

1573–1667 wurde der riesige Sakralbau mit seinen 62 m hohen Türmen errichtet und gehört zu den größten und ältesten Kirchen ganz Amerikas. Manuel Tolsá (1757–1816) vollendete das Bauwerk Anfang des 19. Jahrhunderts und hinterließ einen bunten Stilmix aus gotischen und neoklassizistischen Elementen. Sehenswert ist der hervorragend geschnitzte „Altar de los Reyes".

Mexiko

San Francisco Javier, Tepotzotlán *(linke Seite)*

Die von Lorenzo Rodriguez (um 1704–1774) ab 1762 erneuerte barocke Kirche erstrahlt in ihrer weißen Kalksteinfassade mit den über 300 verschiedenen Skulpturen, die von Pilastern begrenzt werden. Das Innere des Sakralbaus besticht durch seine außergewöhnlichen, vergoldeten Altaraufsätze. Der bedeutendste Sakralbau des churrigueresken Stils in Mexiko gehört seit 2001 zum Weltkulturerbe.

Palacio de Deportes, Mexiko-Stadt *(unten links)*

Félix Candela (1910–1997) wurde durch die von ihm entwickelten Schalenkonstruktionen berühmt, die neue Möglichkeiten der Dach- und Raumgestaltung gestatteten. Von den Bauten, die er für die Olympischen Spiele 1968 entwarf, ist nur der grandiose Sportpalast mit seiner 135 m überspannenden Stahlkuppel mit Aluminiumsegeln ausgeführt worden, der 2001 einem Feuer zum Opfer fiel.

Kathedrale, Puebla *(unten rechts)*

Die Renaissancekathedrale, der zweitgrößte Sakralbau Mexikos, wurde um 1575 begonnen und 1649 geweiht. 70 m hohe Türme flankieren die Kirche, das Innere ist mit Heiligenfiguren aus Onyx und intarsienreichen Marmorfußböden ausgestattet, stuckierte Decken und goldene Altäre zieren den Innenraum. Hervorzuheben sind der von José Manzo (1789–1840) erbaute Tabernakel sowie das Chorgestühl.

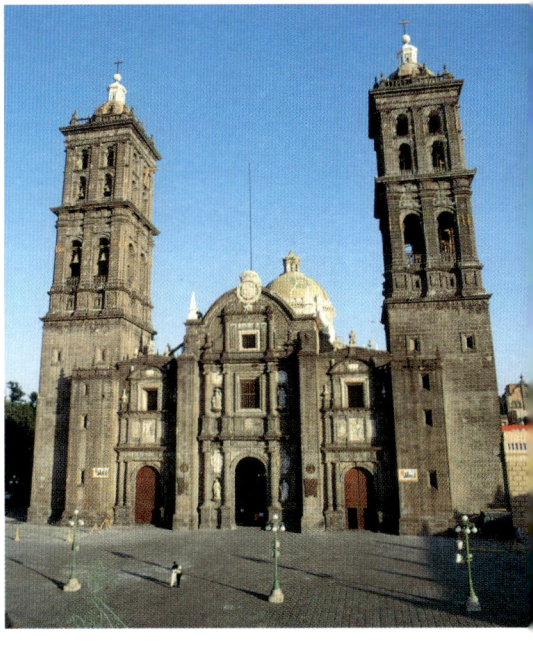

Präkolumbische Stätte, El Tajín
(unten)

Im 1. Jahrhundert v. Chr. wurde die Stadt von den Totonaken gegründet. Die 25 m hohe „Pyramide der Nischen" ist das wichtigste Bauwerk der Stadt und besteht aus sechs Plattformen mit 364 quadratischen Nischen. Die Stätte birgt zudem acht Ballspielplätze von enormen Ausmaßen. Geometrische Steinsetzungen, Einschnitte in den Stein und szenische Reliefs dekorieren die zahlreichen Bauwerke.

Ruinenstadt, Monte Albán
(linke Seite oben)

Die Hauptstadt „Weißer Berg" der Zapoteken in Südmexiko wurde im 8. Jahrhundert v. Chr. besiedelt. Heute können noch unter anderem bemalte Grabkammern, künstliche Terrassen, Pyramiden, Tempel, steinerne Skulpturen und reiche Reliefs sowie Ballspielfelder besichtigt werden. Besonders charakteristisch sind die über 300 Steinstelen, die tanzende Figuren zeigen. Der Hauptplatz für zeremonielle Veranstaltungen misst stolze 200 x 300 m.

Tempel der Inschriften, Palenque *(oben)*

Um 690 wurde der Tempel der Inschriften, eine 20 m hohe Stufenpyramide mit Grabkammer, vollendet. Auf der obersten Plattform wurde ein kleiner Tempel aufgebaut. Im Inneren befindet sich ein Raum voller Inschriften und Reliefs, die den Regengott Chaac zeigen. Der Tempel und der ihm gegenüberliegende Palast sind Zentrum der erstmals im 4. Jahrhundert besiedelten Maya-Ruinenstätte.

Sonnenpyramide, Teotihuacán *(unten)*

Die drittgrößte Pyramide der Welt ist 65 m hoch und wurde nach der Ausrichtung der Haupttreppe gen Westen benannt. Auf der obersten Plattform befinden sich die Grundmauern eines nicht mehr bestehenden Tempels. Der 222 x 225 m Grundfläche messende Bau wurde um 100 n. Chr. in einem Arbeitsgang erbaut. Welchem Gott der bauliche Gigant geweiht war, ist heute nicht mehr nachvollziehbar.

Pyramide des Zauberers, Uxmal *(oben links)*

Die riesige, 38 m hohe Wahrsager-Pyramide mit ihrem ovalen Grundriss überragt die 600 x 1000 m große Maya-Stätte. Fünf Tempel, die in einem Zeitraum von 300 Jahren entstanden sind, wurden Stück für Stück übereinander aufgebaut. Der oberste Tempel, der einen atemberaubenden Blick über die Maya-Ruinen bietet, ist über eine steile, dreigeteilte Treppe erreichbar.

Chichén Itzá *(unten)*

Die bedeutendste der Maya-Ruinenstätten wurde um 450 gegründet und unter der Herrschaft der Tolteken zu neuer Blüte gebracht. Es findet sich ein wahrer Schatz an Bauwerken: der Kriegertempel mit den 1000 vorgelagerten Säulen, der Schneckenturm – ein Observatorium –, die Große Pyramide sowie der ausladende Ballspielplatz. Seit 1988 ist die Stätte auf der Welterbeliste.

Ecuador

La Nueva Catedral, Cuenca *(rechte Seite oben)*

Auf der Plaza Abdón Calderón befinden sich zwei Kathedralen, die La Catedral Vieja aus dem 16. Jahrhundert mit der ältesten Orgel Ecuadors und die jüngere La Nueva Catedral, die 1885 begonnen und nie ganz fertiggestellt wurde. Fast 10 000 Menschen kann das 105 m lange und 43,5 m breite Bauwerk aufnehmen. Die prächtige Kirche ist das Wahrzeichen der Stadt.

Guatemala

Tempel des großen Jaguars, Tikal *(unten)*

Inmitten des Regenwaldes befindet sich diese wunderbar erhaltene, im 2. bis 5. Jahrhundert zur Blüte gebrachte Mayastadt. Von verzierten Stelen geschmückte Fest- und Versammlungsplätze und riesige, steil aufgeblockte Pyramiden, darunter der fast 47 m hohe, neunstufige Tempel des großen Jaguars, sind die Hauptsehenswürdigkeiten dieser faszinierenden Maya-Stätte.

Dominikanische Republik

Ciudad Colonial, Santo Domingo *(linke Seite oben rechts)*

Nach der Landung des Christoph Kolumbus im Jahr 1492 legte dessen Bruder Bartolomeo (um 1461–1515) den Grundstein für die Stadt, die damit die älteste von Europäern gegründete Siedlung in der Neuen Welt ist. Die rechtwinklig angelegte Stadt wurde zum Vorbild für alle folgenden Neugründungen Lateinamerikas. 1990 wurde die Altstadt mit ihren wunderschönen Kolonialbauten zum Weltkulturerbe ernannt.

Peru

Kathedrale, Lima (oben)

Nach einem Erdbeben von 1746 wurde die auf das Jahr 1543 zurückgehende Kathedrale in barock-klassizistischer Form mit Renaissance-Elementen rekonstruiert. Der in kühlen Farben gehaltene Innenraum enthält das prachtvoll geschnitzte Chorgestühl, eine Sammlung wertvoller Gemälde und Skulpturen sowie angeblich auch die letzte Ruhestätte von Francisco Pizarro (1476–1541).

Convento de San Francisco, Lima (Mitte)

Das Kloster ist ein letzter Höhepunkt der Architektur des Vizekönigreichs Peru. Die mächtige Doppelturmfassade der 1674 vollendeten Kirche und ihr komplett mit rot-weißen geometrischen Mustern überzogenes Inneres zeigen deutlich spanisch-maurische Einflüsse. In den Katakomben des größten Franziskanerklosters Südamerikas fanden über 70 000 Menschen ihre letzte Ruhestätte.

Catedral de Santo Domingo, Cuzco (unten)

Auf den Grundmauern des Palastes des achten Inka Huiracocha (15. Jahrhundert) erbaut, wurde der barocke Bau 1654 vollendet. Erdbeben zerstörten die Kirche fast vollständig, so musste sie 1950 erneuert werden: Künstler aus der „Schule von Cuzco" gestalteten den Innenraum mit Schnitzereien und Gemälden. Im Inneren befindet sich auch die Figur des „Señor de los Temblores", des Schutzpatrons gegen Erdbeben.

Ruinenstadt Machu Picchu (rechte Seite unten)

In den peruanischen Anden liegt eines der wertvollsten Zeugnisse des Inkareichs: Künstlich angelegte Terrassen bilden das etwa 2 ha große Fundament für die Mitte des 15. Jahrhunderts auf nahezu 2500 m Höhe erbaute Stadt. Kultstätte, Wohnhäuser landwirtschaftliche Bereiche sowie das „Viertel der Handwerker" lassen sich noch heute bewundern.

Ruinenstadt, Chan Chan
(oben)

Als Hauptstadt des Chimú-Reiches wurde Chan Chan etwa um 1300 im Adobe-Stil erbaut. Neun autonome Zitadellen, umgeben von hohen Mauern, vereinten in sich bis zu hundert Gebäude, Paläste und Tempel, alle reichlich mit Reliefs verziert. Bis zu 60 000 Menschen lebten in der 28 km² weiten, heute erwiesenermaßen größten Adobe-Stadt der Welt.

Brasilien

Teatro Amazonas, Manaus
(oben)

Das 1896 erbaute und mit dem während des Kautschukbooms erwirtschafteten Reichtums finanzierte Opernhaus ist ein prachtvolles Bauwerk mit mehrgeschossiger Fassade und Innenräumen, die im Jugendstil gehalten sind. Baumeister und Materialien wurden aus ganz Europa importiert. Schlanke Säulen und ein bogenförmiges Giebelfeld gliedern die Fassade, eine markante Kuppel krönt das Theater.

Museu de Arte Contemporâneam, Niterói *(unten)*

Über dem Meer vor der Küstenstadt Niterói thront auf einem Felsvorsprung das Museum für zeitgenössische Kunst, das Wahrzeichen der Stadt und ein Meisterwerk des großen brasilianischen Architekten Oscar Niemeyer (* 1907). Das 1996 eröffnete Museum gleicht einem eleganten UFO. Vom Museum aus hat der Besucher einen fantastischen Blick auf den Zuckerhut und Rio de Janeiro.

Catedral Metropolitana Nossa Senhora Aparecida, Brasilia *(unten)*

Das Meisterwerk Oscar Niemeyers (* 1907), ein eigenwilliges Bauwerk aus Betonrippen und Glas, symbolisiert die Dornenkrone Christi. Die meditative Kargheit im Inneren der Kirche wird von den lebensgroßen Engelsfiguren von Alfredo Ceschiatti (1918–1989) aufgelöst, die an Stahlseilen in der Mitte der Kuppel schweben. Vor dem unterirdischen Eingang stehen die Skulpturen der Evangelisten.

Argentinien

Teatro Colón, Buenos Aires *(oben)*

Das prächtige Theater wurde 1857 erbaut und nach umfassenden Umbaumaßnahmen 1908 mit einer Aida-Aufführung wiedereröffnet. Die Kulturstätte ist im Stil der italienischen Renaissance gehalten und zählt heute zu den wichtigsten Opernhäusern der Welt. Der „Goldene Saal" mit seiner prunkvollen vergoldeten Decke bietet Platz für bis zu 3500 Zuschauer.

Glossar

Abhängling Schlusssteine bilden den höchsten Punkt eines Gewölbes. Wenn diese in Form von Zapfen oder Knaufen in das Innere des Gebäudes herabhängen, spricht man von einem „Abhängling".

Ädikula Eine Ädikula ist ein antikes Bauwerk in Form eines kleinen Tempels oder einer Nischenumrahmung.

Adobe Das System des Bauens mit luftgetrockneten Lehmziegeln stammt ursprünglich aus Lateinamerika. In den Wüstengegenden Nordamerikas und in New Mexico trägt dieser archaische Baustil den Namen seiner Materialien: Adobe.

Agora Die Agora bildete einen offenen Versammlungsplatz in den Städten der griechischen Antike.

Amphiprostylos Der Begriff bezeichnet eine bestimmte Form des Grundrisses bei antiken Tempeln, bestehend aus einem Hauptraum und Säulen an Vorder- und Rückseite des Baus.

Apsis Eine Apsis ist ein nischenartiger Raumabschluss, speziell im Kirchenbau versteht man darunter den Abschluss von Langhaus oder Chor.

Arkatur Arkaden sind Säulengänge mit einer offenen, bogenförmigen Begrenzung. Bei einer Abfolge von mehreren Arkaden spricht man von einer Arkatur.

Attika In der Architektur der Antike bezeichnet „Attika" ein Geschoss oder eine niedrige Mauer über dem Gesims einer Fassade, die das Dach verdeckt.

Barock Der Begriff „Barock" kennzeichnet eine Stilepoche, die etwa von 1575 bis 1770 vor allem in den katholischen Ländern Europas vorherrschte. Die üppige Vielfalt an Ornamenten und vergoldeten Skulpturen vieler Wallfahrtskirchen in Süddeutschland entspricht den Gestaltungsregeln der barocken Kunst.

Barock: Kirche Unserer Lieben Frau, Birnau

Basilika Von einer Basilika spricht man bei einem drei- oder fünfschiffigen Kirchenbau mit erhöhtem Mittelschiff, bei dem die Seitenschiffe niedriger sind.

Blendarkaden Im Gegensatz zu normalen Arkaden werden Blendarkaden ohne Zwischenräume zur Wand als Gliederungselement eingesetzt.

Chedi Die spitz zulaufenden Bauten in Glockenform bilden den Mittelpunkt von buddhistischen Tempelanlagen in Thailand, in denen vor allem Reliquien Buddhas und Buddhastatuen aufbewahrt werden.

Chor Der den Geistlichen vorbehaltene, die Kirche abschließende Raum um den Hochaltar wird als Chor bezeichnet. Oft liegt er einige Stufen erhöht und wird durch Gitter, Schranken oder einen Lettner vom Mittelschiff getrennt. In christlichen Kirchen ist der Chor meist nach Osten ausgerichtet.

Churriguerastil Der churrigureske Stil ist ein Architektur- und Designstil aus dem spanischen Spätbarock. Er hat seinen Namen von der berühmten Baumeisterfamilie Churriguera aus Salamanca.

Cinquecento Mit dem Begriff verbindet man allgemein die Epoche der italienischen Renaissance im 16. Jahrhundert.

Condottiere Die Söldnerführer der italienischen Stadtstaaten übten nicht nur ihren militärischen Einfluss aus, sondern betätigten sich auch als Mäzene auf dem Gebiet der Kunst und Architektur. Zu den erfolgreichsten Condottieri gehörten Francesco Sforza (1401–1466), Sigismondo Malatesta (1417–1468) und Federico da Montefeltro (1422–1482).

Curtain-Wall Curtain-Walls sind bereits vorgefertigte Fassaden aus Glas oder Metall, die bei der Konstruktion von Hochhäusern vorgehängt werden und nicht tragend sind. Sie fanden ihren ersten Einsatz in den USA der 1920er-Jahre.

Dienst Dienste sind vor Innenwänden oder Pfeiler gelegte oder eingebundene dünne (Halb-)Säulen, deren Durchmesser sich nach den von ihnen gestützten Gewölbebögen richtet.

Dom Der Begriff „Dom" stammt vom lateinischen „Domus Dei" (Haus Gottes) ab und bezeichnet eine bedeutende Kirche, die nicht zwingend Bischofssitz sein muss (vgl. Kathedrale).

Dravida-Stil Der Dravida ist ein südindischer Baustil von hinduistischen Tempeln, der im 7. Jahrhundert aufkam.

Eklektizismus Eklektizismus beschreibt die Kombination verschiedener Stilrichtungen in einem einzigen Gebäude oder Bauteil. Manchmal wird der Begriff auch auf die generelle stilistische Vielfalt des 19. Jahrhunderts angewendet, obwohl sich hierfür seit den 1970er-Jahren der Begriff „Historismus" durchgesetzt hat.

Fiale Der Begriff bezeichnet ein schlankes Ziertürmchen der Gotik.

Flamboyant Als Flamboyant wird der überreich ausgeschmückte Stil der Spätgotik in Frankreich, Spanien und Portugal im 15. Jahrhundert bezeichnet, der sich besonders durch die flammenähnliche Längung des Maßwerks auszeichnet. In England wird diese Phase Perpendicular Style, in Deutschland Sondergotik genannt.

Fresko Unter „Fresko" versteht man eine Wandmalerei auf noch feuchtem Kalkputz. Die Farben verbinden sich nach dem Trocknen untrennbar mit dem Putz.

Gebundenes System Besonders im romanischen Kirchenbau des deutschsprachigen Raums findet man diese Form der Raumgliederung: Hierbei entspricht ein Joch (der Bereich eines Gewölbes zwischen vier Pfeilern oder Säulen) im Mittelschiff zwei Jochen des Seitenschiffes. Die Proportionen der Kaiserdome in Mainz, Speyer und Worms zeigen diesen charakteristischen Aufbau.

Gesims Das Gesims – auch Sims genannt – ist eine vorspringende, meist waagrechte Bauform zur Untergliederung einer Fassade.

Gotik Die Gotik ist eine Kunstepoche (etwa ab 1140 bis teilweise nach 1500), die in Frankreich mit dem Bau der Klosterkirche von Saint-Denis ihren Ausgang nahm und von dort vor allem nach England und zögerlich auch nach Deutschland ihren Einfluss nahm. Bezeichnend für gotische Bauten sind die hochaufragenden Gewölbe mit ihren Kreuzrippenbändern und die großen Fenster im Kathedralbau.

Historismus Historismus ist der Name einer Stilperiode, die die europäische und westliche Architektur von etwa 1850-1900 geprägt hat. Sie ist gekennzeichnet durch Wiederaufnahme, Nachahmung und Kombination älterer Stile wie Gotik, Renaissance, Barock und Rokoko. Einer der federführenden Architekten des Historismus in Deutschland war Gottfried Semper (1803–1879).

Ikonostase In der orthodoxen Kirche versteht man unter einer Ikonostase eine mit Ikonen und anderen religiösen Gemälden geschmückte Wand, die das Kirchenschiff vom Heiligtum trennt.

Inkrustation Unter Inkrustation versteht man die Verkleidung von Wänden und Fußböden mit edlen, oft farbigen Steinen, die in Stein eingefasst werden (im Unterschied zu Intarsien, den Einlegearbeiten in Holz).

Jainismus Der Jainismus ist eine Religion, deren Ursprung in Indien im 6. Jahrhundert v. Chr. liegt und die heute etwa 4,5 Millionen Anhänger zählt.

Jugendstil Die auch als Art Nouveau bezeichnete Stilepoche um die Jahrhundertwende vom 19. zum 20. Jahrhundert hat ihren Ursprung in der Wiener Secession und der Arts-and-Crafts-Bewegung in England. Kennzeichnend für die Architektur des Jugendstils sind Hyperbeln und geschwungene Linien in Fenstern, Arkaden und Türen und dekorative Ausformungen, die zu pflanzenähnlichen Formen „wachsen".

Kanneluren Die senkrechten, konkaven Rillen in Säulen nennt man Kanneluren.

Kapitell Den oberen Abschluss einer Säule bezeichnet man als Kapitell. Im Bauschmuck werden Kapitelle häufig ornamental ausgeformt und sind daher wichtige Gestaltungselemente.

Gotik: Basilika, Saint-Denis

Jugendstil: Métro, Paris

Kassettendecke Bei einer Kassette wird die Decke durch vertiefte Felder verziert.

Kathedrale Eine Kathedrale bezeichnet immer eine Bischofskirche, was bedeutet, dass dieses Gotteshaus Sitz eines katholischen, orthodoxen oder anglikanischen Bischofs ist. Der Begriff geht zurück auf das griechische Wort für Stuhl (kathedra) des Bischofs.

Kirchenschiffe Wenn der Innenraum einer Kirche durch Säulen oder Pfeiler in mehrere Bereiche unterteilt ist, spricht man von den sogenannten Kirchenschiffen. An das Langhaus (d. h. die Gesamtheit der Kirchenschiffe) schließt sich das Querhaus an, das den Blick freigibt auf den Altarraum der Kirche – den Chor mit der Apsis.

Klassizismus Nachdem der Barock mit seinen überladenen Verzierungen aus der Mode gekommen war, entstand im späten 18. Jahrhundert als Gegenbewegung der Klassizismus, der als Ideal eine strenge Nachahmung der klassisch-griechischen Antike suchte. Vor allem die Bauten von Karl Friedrich Schinkel (1781-1841) und Georg Wenzeslaus von Knobelsdorff (1699-1753) in Berlin und Potsdam zeugen von der Pracht der klassizistischen Architektur.

Kolonnade Zur Gliederung von Fassaden und Rahmung von Straßen und Plätzen werden diese Säulengänge mit waagrechten Balken – im Gegensatz zur rund- oder spitzbogigen Arkade – eingesetzt.

Klassizismus: Altes Museum, Berlin

Kolossalordnung Andrea Palladio (1508–1580) entwickelte diese architektonische Spielart im Villenbau der Spätrenaissance, bei der Säulen und Pilaster samt ihrem Sockel mehrere Geschosse einer Fassade zusammenfassen.

Konche Der Begriff „Konche", der sich vom lateinischen „concha" (Muschel) ableitet, steht für einen halbrunden Raum, der mit einer Kuppel überdacht ist. Er ähnelt der Apsis, enthält aber keinen Altar und ist deshalb vor allem in Profanbauten zu finden.

Kreuzgang Der Kreuzgang im Kloster ist ein überdachter Gang um einen meist viereckigen, offenen Hof.

Krypta Die zumeist unterirdisch angelegte Krypta dient als Räumlichkeit zur Aufbewahrung von Reliquien oder als Grabstätte, meist nach Osten ausgerichtet unter dem Chor angelegt.

Laterit Laterit ist eine rötliche Bodenart in den wechselfeuchten Tropen, stark angereichert mit Aluminiumhydroxid und Eisenoxid.

Lettner Der Lettner ist eine mit Durchgängen versehene Trennwand zwischen Chor und Mittelschiff.

Lisene Besonders in der Romanik sind diese der Wandgliederung dienenden, senkrecht hervortretenden Mauerstreifen beliebt.

Louis-seize Diese Stilrichtung der französischen Kunst des 18. Jahrhunderts erhielt ihren Namen durch König Ludwig XVI. (1754–1793). Sie orientierte sich an den Formen der klassischen Antike und wandte sich – nach dem fantasievollen Figurenreichtum des Rokoko – wieder naturalistischen Gestaltungselementen zu.

Madrasa Neben der Moschee ist die Madrasa (türkisch: Medrese) die bedeutendste Bauform der islamischen Sakralarchitektur. Seit dem 10. Jahrhundert wurden diese Lehreinrichtungen zweigeschossig um einen rechteckigen Hof erbaut.

Manuelstil Dieser portugiesische Baustil entstand zur Regierungszeit von König Emanuel I. (1495–1521) und leitete den Übergang von der Spätgotik in die Renaissance in Portugal ein. Naturalistische Ausschmückungen, gewundene Pfeiler und maurische Elemente kennzeichnen diese Epoche.

Maßwerk Das Maßwerk („gemessenes Werk") ist das bedeutendste Schmuckelement der Gotik und wurde vor allem als Füllung an Fenstern und Arkaden verwandt.

Mudéjar-Stil Der Begriff bezeichnet einen Bau- und Dekorationsstil in Spanien, der maurische und gotische Formelemente verbindet. Benannt ist der Stil nach den Mudejáres, arabischen Künstlern und Handwerkern.

Nymphäum Die Quellkultplätze der Nymphen wurden in der griechischen Antike als Nymphäen bezeichnet.

Obergaden Der auch Lichtgaden genannte obere Wandabschnitt im Mittelschiff enthält die Fenster.

Okeanos Okeanos ist einer der Titanen der griechischen Mythologie. Seine Eltern sind die Erdgöttin Gaia und der Himmelsgott Uranos. Mit seiner Schwester Thetis zeugte er die Okeaniden, Meeresnymphen, die über die Meere herrschen.

Päpstliche Basilika Basilica minor wird eine Kirche (unabhängig von ihrer Bauform) dann genannt, wenn das päpstliche Pontifikat sie besonders würdigt und ihre Bedeutung für die Region herausstellt. Sie ist berechtigt, das Papstwappen der zwei gekreuzten Schlüssel zu tragen. Weltweit gibt es derzeit rund 1500 päpstliche Basiliken.

Palladianismus Dieser klassizistische Baustil beruht auf seinem Namensgeber Andrea Palladio (1508–1580), dessen stilistisches Kennzeichen die bewusste Abkehr vom römischen Barock durch den Einsatz von klassischen Bauformen der griechischen Antike ist.

Patriarchalbasilika Die ranghöchsten Gotteshäuser der katholischen Kirche werden als Basilicae maiores bezeichnet. Vier bilden die sogenannten Patriarchalbasiliken und befin-

Renaissance: Santa Maria del Fiore, Florenz

den sich in Rom (San Pietro, San Giovanni in Laterano, San Paolo fuori le Mura, Santa Maria Maggiore). Die anderen drei sind: San Lorenzo fuori le Mura (ebenfalls Rom), San Francesco und Santa Maria degli Angeli (beide Assisi).

Pilaster Ein Pilaster ist ein zur Gliederung eingesetzter Wandpfeiler mit Basis und Kapitell, der keine Stützfunktion hat.

Portikus Als Portikus bezeichnet man eine Vorhalle vor der Hauptfront eines Gebäudes, die von Säulen, seltener von Pfeilern getragen wird. Er ist ein typisches Element der klassizistischen Architektur.

Renaissance Ihren Ausgang nahm die Renaissance (deutsch: Wiedergeburt) im 14. Jahrhundert in Italien, als man die Ideale der Kultur der Antike wiederentdeckte. Nicht nur in der Kunst, sondern auch in Wissenschaft, Literatur und Philosophie gab es eine Rückbesinnung auf antike Meister und einfache Grundformen, was sich z. B. in der Architektur der Stadt Florenz widerspiegelt.

Retabel Ein Altarretabel ist ein Aufsatz auf dem Altar, der oftmals reich mit Reliefs und Beschlägen ausgeschmückt ist.

Risalit Den Gebäudeteil, der vor dem Hauptbaukörper hervorspringt, bezeichnet man als Risalit. Er ist manchmal auch höher als das Hauptgebäude und besitzt oft ein eigenes Dach. Besonders bei barocken Profanbauten sind Mittel-, Eck- oder Seitenrisalite häufig.

Rokoko Eine Abwandlung des europäischen Barock fand im Rokoko, in den Jahren 1720 bis etwa 1775, statt. Die ohnehin schon sehr überbordenden Verzierungen barocker Baukunst werden im Rokoko noch pompöser, allerdings auch zierlicher und filigraner. Typisches Ornament ist die Rocaille (französisch: Muschel), ein muschelförmiges Zierelement, dem die Epoche seinen Namen verdankt.

Romanik Die romanische Kunstepoche ist etwa zwischen 1000 und 1200 angesiedelt. Typisch für romanische Bauten sind ihre Rundbogenarchitektur und ihre starken, fast festungsartigen Mauern. Das erste Aufkommen des Kreuzgratgewölbes wird in die Romanik eingeordnet.

Romanik: Abtei Maria Laach, Mendig

Rustika Die Rustika ist ein Mauerwerk aus grob zugehauenen Quadersteinen, das vor allem in der italienischen Frührenaissance zu einem beliebten Motiv der Fassadengestaltung wurde.

Sala terrena Im Erdgeschoss eines Schlosses befand sich oft dieser Gartensaal als Übergang zum Park, der häufig als Grotte ausgestaltet wurde.

Säulenordnungen In der Architektur der Antike unterscheidet man zwischen den drei großen Säulenordnungen dorisch, ionisch und korinthisch. Dorische Säulen sind kanneliert und haben anstelle von Basis und Kapitell nur einen Wulst und eine Abdeckplatte (Abakus) als Abschlüsse. In der ionischen Ordnung endet der kannelierte Schaft einer Säule in einer Basis, und am oberen Ende schließt ein Volutenkapitell, d. h. ein Kapitell mit beidseitiger, schneckenförmiger Ausgestaltung, an. Die korinthische Ordnung unterscheidet sich von der ionischen nur durch das Akanthuskapitell, d. h. ein Kapitell mit einer Distelblattverzierung.

Scheitelkapelle Diese in der Mittelachse eines Chors gelegene Kapelle ist meist der Heiligen Jungfrau geweiht und wird in England daher als „Lady Chapel" bezeichnet.

Seccomalerei Im Unterschied zum Fresko wird bei der Seccomalerei die Farbe auf trockenen Putz aufgetragen und ist aus diesem Grund weniger haltbar.

Sgraffito Bei dieser Technik der Wandgestaltung aus dem 14. Jahrhundert werden mehrere, verschiedenfarbige Putzschichten übereinander appliziert, und das Gemälde anschließend aus dem Putz herausgekratzt, sodass eine mehrfarbige Wirkung erzielt werden kann.

Tambour Den mauerartigen Unterbau einer Kuppel, der meist zylinderförmig oder polygonal angelegt und oftmals mit Fenstern versehen ist, nennt man Tambour (französisch: Trommel).

Tholos Der Tholos ist eine Form des antiken griechischen Rundtempels, bei dem der Hauptraum von einem Säulenkranz umstellt ist.

Travertin Diese leichten, porösen Kalksteine werden in Süßwasserquellen gebildet. Bekannteste Vorkommen sind die Mammoth Hot Springs im US-amerikanischen Yellowstone National Park oder die Travertinterrassen im türkischen Pamukkale.

Triforium Ein Triforium ist ein Laufgang über den Arkaden an der Hochwand von gotischen Kathedralen.

Tuchhalle Tuchhallen – auch Gewandhäuser genannt – sind Messe- oder Lagerhäuser der Tuchmacherzunft des Mittelalters.

Tympanon Bei antiken Tempeln bezeichnet „Tympanon" ein Giebelfeld, im Sakralbau ist damit das Bogenfeld über den Eingangsportalen gemeint.

Vierung Die Vierung bezeichnet im Kirchenbau jenen Bereich, der durch die Kreuzung von Lang- und Querhaus gebildet wird. Oft ist sie mit einer Vierungskuppel oder einem Vierungsturm überbaut.

Volute Diese Spiral- oder Schneckenform kommt häufig an Konsolen, Giebeln und Kapitellen des Barock zum Vorschein.

Register

A

A Coruña, Domus 116
Aachen, Kaiserdom 59
Abadie d. J., Paul 36
Abbaye de Fontenay 42
Adler, Dankmar 232
Ağa, Mehmet 163
Agra
- Rotes Fort 193
- Taj Mahal 193
Agrigent, Archäologische Stätten 115
Ahmedabad, Indian Institute of Management 195
Ajanta, Höhlentempel 196
Aksum, Ruinenstadt 181
Alberti, Leon Battista 94
Alcobaça, Mosteiro de Santa Maria 129
Alen, William van 225
Aleppo, Zitadelle 166
Alexandria, Montaza-Palast 173
Alfeld, Fagus-Werk 56
Algier, Kasbah 169
Amesbury, Stonehenge 27
Amiens, Notre-Dame 33
Amritsar, Goldener Tempel 191
Amsterdam, Königspalast 29
Angkor Thom 204
Angkor Wat 204
Antonelli, Alessandro 86
Antwerpen, Liebfrauenkathedrale 29
Anuradhapura, Ruvanvelisaya-Stupa 201
Aostalli, Ulrico 146
Apollontempel bei Bassae 159
Aquileia, Santa Maria Assunta 94
Aranjuez, Palacio Real 124
Arc-et-Senans, Salinenstadt Chaux 45
Asam
- Cosmas Damian 70, 73
- Egid Quirin 70, 73
Assisi, San Francesco 100
Athen
- Erechtheion 156
- Niketempel 156
- Odeon des Herodes Atticus 154
- Panathinaikon-Stadion 157
- Parthenon 157
- Turm der Winde 155
Atlanta, High Museum of Art 231
Avignon, Palais des Papes 46
Ayutthaya, Wat Phra Sri Sanphet 202

B

Baalbek, Tempelanlagen 166
Bagan, Ananda-Tempel 200
Bähr, George 63
Baker, Benjamin 15
Bam, Arg-é-Zitadelle 185
Bangkok, Bang Na Expressway 202
Barcelona
- Parque Güell 121
- Sagrada Família 119
- Torre Agbar 119
Barelli, Agostino 73
Barozzi da Vignola, Giacomo 101
Barry, Charles 22
Batalha, Mosteiro de Santa Maria da Vitória 129
Bath
- Aquae Sulis 25
- Royal Crescent 25
Bayreuth, Eremitage 68
Beer, Johann Michael 77
Behnisch & Partner 72
Berg, Max 140
Bergstrom, George 229
Berlin
- Altes Museum 51
- Brandenburger Tor 54
- Bundeskanzleramt 53
- Fernsehturm 52
- Jüdisches Museum 53
- Reichstagskuppel 53
Bernini, Gian Lorenzo 102 f.
Bhubaneswar, Tempelanlagen 199
Bilbao, Guggenheim-Museum 117
Bodelva, Eden Project 26
Böhm, Gottfried 57
Botta, Mario 77, 237
Bourges, Saint-Étienne 44
Bradfield, John J.C. 215
Braga, Bom Jesus do Monte 128
Bramante 84, 102, 109
Brasilia, Catedral Metropolitana Nossa Senhora Aparecida 247
Breslau, Jahrhunderthalle 140
Brühl, Schloss Augustusburg 60
Brünn, Villa Tugendhat 146
Brüssel
- Atomium 29
- Justizpalast 31
- Palais Stoclet 31
Buchara, Mir-i-Arab-Madrasa 188
Buckminster Fuller, Richard 220
Budapest
- Burgviertel 149
- Kettenbrücke 148
- Parlamentsgebäude 149
Buenos Aires, Teatro Colón 247
Buon, Bartolomeo 91
Burgos, Santa María 116
Burton, Decimus 24

C

Caen, Saint-Étienne 35
Caernarfon, Caernarfon Castle 17
Calatrava, Santiago 11, 46, 124
Cambridge, King's College Chapel 19
Cameron, Charles 133
Campen, Jacob van 29
Candela, Félix 239
Canterbury, Cathedral of Christ 27
Caprarola, Villa Farnese 101
Capri, Villa Malaparte 112
Carcassonne, Festungsstadt 48
Caserta, La Reggia 111
Castel del Monte 113
Ceský Krumlov, Historisches Zentrum 144
Chalgrin, Jean-François 37
Chan Chan, Ruinenstadt 245
Chantilly, Schloss 33
Charlottesville
- Monticello 231
- University of Virginia 231
Chartres, Notre-Dame 42
Château de Chambord 42
Chengde, Kaiserlicher Sommerpalast 205
Chenonceaux, Schloss 44
Cheval, Ferdinand 48
Chicago
- Auditorium Building 232
- Marina City 232
Chichén Itzá 242
Chinesische Mauer 206
Chiry-Ourscamp, Zisterzienserabtei 34
Cincinnati, Contemporary Arts Center 228
Clark
- Adam 148
- William Tierny 148
Cleveland, Rock and Roll Hall of Fame 226
Cluny, Klosterkirche 44
Coca, Kastell 121
Cockerell, Charles Robert 17
Colorado Springs, United States Air Force Academy 234
Cook, Peter 83
Coop Himmelb(l)au 62, 72
Córdoba, Mezquita 127
Crac des Chevaliers 165
Cubitt, Lewis 19
Cuenca, La Nueva Catedral 242
Cuzco, Catedral de Santo Domingo 244

D

Damaskus, Umayyaden-Moschee 166
Dallas, Chapel of Thanksgiving 235
Datong, Yungang-Grotten 208
Deir el-Bahari, Hatschepsut-Tempel 175
Delhi
- Humayun-Mausoleum 191
- Rotes Fort 191
Delphi, Heiligtum 154
Denver, Frederic C. Hamilton Building, Denver Art Museum 234
Dessau, Bauhaus 57
Dischinger, Franz 61
Djenné, Große Moschee 183
Donaustauf, Walhalla 71
Dougga, Antike Stätten 170
Dresden
- Frauenkirche 63
- Semperoper 62
- Ufa-Kristallpalast 62
- Zwinger 63
Dubai
- Burj al Arab 180
- Burdsch Chalifa 181
- Künstliche Inseln 180
Dubrovnik, Altstadt 151
Durham
- Durham Castle 16
- St. Cuthbert Cathedral 15

E

Edinburgh
- Edinburgh Castle 14
- Forth Bridge 15
- Scottish Parliament 14
Edirne, Selimiye-Moschee 162
Effner, Joseph 73
Eiffel, Gustave 38, 226
Eisenach, Wartburg 61
El Djem, Amphitheater 170
El Tajín, Präkolumbische Stätte 240
Ellora, Kailasanatha-Tempel 197
Elmes, Harvey Lonsdale 17

Eltville, Kloster Eberbach 66
Ensinger, Ulrich 72
Ephesos, Celsus-Bibliothek 164
Epidauros, Theater 158
Eschwege, Wilhelm Ludwig von 130
Esztergom, Mariä-Himmelfahrts-basilika 148
Éveux, Sainte-Marie de La Tourette 46

F

Fatehpur Sikri, Jami-Masjid-Moschee 192
Felsenstadt Petra 168
Felsentempel von Abu Simbel 177
Ferrara, San Giorgio 96
Fès, Al-Karaouine-Moschee 169
Festung Suomenlinna 13
Fiorentino, Rosso 41
Fischer von Erlach, Joseph Emanuel 80 f.
Florenz
- Palazzo Medici Riccardi 98
- Santa Croce 99
- Santa Maria del Fiore 99
Fontainebleau, Schloss 41
Foster, Norman 17, 20 f., 53
Fournier, Colin 83
Fowler, John 15
Frank, Charlotte 53
Frankfurt, Messeturm 67

G

Gabriel, Ange-Jacques 35, 38
Gaudi, Antoni 119 f.
Gehry, Frank O. 117, 144, 237
Gilbert, Cass 226
Girona, Santa María 118
Gizeh, Cheops-Pyramide 175
Goldberg, Bertrand 232
Göreme, Wohnhöhlen 164
Granada, Alhambra 127
Graves, Michael 234
Graz, Kunsthaus 83
Grimshaw, Nicholas 26
Gropius, Walter 56 f.
Guerniero, Giovanni Francesco 61
Guimard, Hector 37

H

Hadid, Zaha 228
Hamburg
- Chilehaus 50
- Dockland 51
Hardouin-Mansart, Jules 35, 38
Hausmann, Georges-Eugène 37
Hauterives, Palais Idéal 48
Hawksmoor, Nicholas 19

Heddal, Stabkirche 10
Helsingør, Schloss Kronborg 13
Herat, Masjid-i-Jami-Moschee 189
Herrenchiemsee, Schloss 74
Herrera, Juan de 123
Herzog & de Meuron 207
Hildesheim, St. Michael 55
Himeji, Burg 213
Hiroshima, Atombombenkuppel 213
Hoban, James 230
Hoffmann, Josef 31
Höger, Fritz 50
Hollein, Hans 59, 80
Holzinger, Franz Josef 71
Holzkirchen in der Maramures 152
Hood, Raymond M. 222
Höxter, Kloster Corvey 57
Hundertwasser, Friedensreich 78
Hunyuan, Hängendes Kloster 208

I

Insulae in Ostia Antica 110
Isfahan, Masjid-i-Schah-Moschee 185
Isozaki, Arata 116
Istanbul
- Hagia Sophia 162
- Süleymaniye-Moschee 163
- Sultan-Ahmed-Moschee 163
- Topkapi-Palast 162

J

Jahan, Shah 191
Jahn, Helmut 67
Jaipur
- Observatorium 194
- Palast der Winde 194
Jaroslawl, Altstadt 133
Jerusalem
- Al-Aqsa-Moschee 167
- Felsendom 167
Johnson, Philip 221 f.
Jones, Horace 21
Jones, Inigo 24
Juvarra, Filippo 85, 87

K

Kahn, Louis 265, 313
Kairo
- Al-Azhar-Moschee 173
- Sultan-Hassan-Moschee 173
Kairouan, Sidi Oqba-Moschee 170
Kanchipuram, Ekambaresvara-Tempel 199
Kansai International Airport 212
Kassel, Wilhelmshöhe 61

Kelheim, Kloster Weltenburg 70
Khajuraho, Tempelanlagen 194
Kiew
- Höhlenkloster 138
- Sophienkathedrale 139
Kilwa Kisiwani und Songo Mnara 183
Kischi Pogost, Verklärungskirche 132
Klimt, Gustav 31
Klöster auf dem Berg Athos 153
Kloster Hosios Lukas 154
Kloster Rila 152
Kloster Studenica 151
Knobelsdorff, Georg Wenzeslaus von 54
Köln
- St. Maria im Kapitol 59
- St. Peter und Maria 59
Kolomenskoje, Auferstehungs-kirche 136
Konarak, Sonnentempel 198
Koolhaas, Rem 129, 207, 233
Krakau
- Marienkirche 141
- Tuchhallen 141
- Wawel 140
Kroměříž, Erzbischöfliches Schloss 147
Kuala Lumpur, Petronas Towers 202
Kutná Hora, St. Barbara 147
Kyoto
- Kaiserpalast 211
- Kinkaku-ji 211
- Kiyomizu-dera 211
Kyrene, Antike Stätten 172

L

Lahore, Jahangir-Mausoleum 190
Lalibela, Bet Giyorgis 181
Langhans, Carl Gotthard 54
Lasdun, Denys 17
Laurana, Luciano 100
Le Corbusier 43, 46, 195
Le Nôtre, André 11, 35
Le Vau, Louis 35, 38
Ledoux, Claude-Nicolas 45
Leipzig, Großmarkthalle 61
Leptis Magna, Ruinenstadt 172
Lhasa, Potala-Palast 208
Libera, Adalberto 112
Libeskind, Daniel 53, 234
Ligorio, Pirro 101
Lima
- Convento de San Francisco 244
- Kathedrale 244
Lissabon
- Mosteiro dos Jerónimos 131

- Ponte Vasco da Gama 131
- Torre de Bélem 131
Litomyšl, Schloss 146
Liverpool, St. George's Hall 17
Löbau, Haus Schminke 64
London
- 30 St Mary Axe 20
- Buckingham Palace 23
- City Hall 21
- Houses of Parliament 22
- Kew Gardens Palm House 24
- King's Cross Station 19
- Queen's House 24
- St. Paul's Cathedral 19
- The O2 24
- Tower Bridge 21
- Tower of London 20
- Westminster Abbey 23
- Westminster Hall 22
Longhena, Baldassare 93
Loos, Adolf 79
Los Angeles, Walt Disney Concert Hall 237
Lovön, Schloss Drottningholm 11
Lübeck, Holstentor 50
Luxor, Tempel 176
Lyon, Gare de Saint-Exupéry TGV 46

M

Maderno, Carlo 102
Madrid
- Palacio Real 123
- Plaza Mayor 124
Mahabalipuram, Tempelbezirk 198
Mailand
- Galleria Vittorio Emanuele 84
- Santa Maria delle Grazie 84
- Santa Maria Nascente 84
Mainz, St. Martin 66
Malmö, Turning Torso 11
Manaus, Teatro Amazonas 246
Mandalay, Kuthodaw-Pagode 200
Mantegna, Andrea 94
Mantua
- Palazzo del Te 95
- Palazzo Ducale 94
- Sant'Andrea 94
Manzo, José 239
Mattè-Trucco, Giacomo 86
Maulbronn, Zisterzienserabtei 68
Mazar-e-Sharif, Blaue Moschee 163
Meier, Richard 111, 231
Mekka, Al-Masdschid al-Haram-Moschee 178
Melbourne, Royal Exhibition Building 216

Melk, Benediktinerkloster 78
Mendig, Abtei Maria Laach 64
Mengoni, Giuseppe 84
Mérida, Römische Stätten 125
Mesa Verde National Park, Cliff Palace 235
Metéora-Klöster 153
Metz, Odo von 59
Mexiko-Stadt
- Catedral Metropolitana de la Asunción de María 239
- Palacio de Deportes 239
Michelangelo 102, 106
Michelozzo 98
Mies van der Rohe, Ludwig 146, 222
Mill Run, Fallingwater 226
Milunić, Vlado 144
Miralles, Enric 14
Modena, San Geminiano 94
Mogao, Grotten 205
Mogno, San Giovanni Battista 77
Mohenjo-Daro, Ruinenstadt 190
Moldauklöster in der Bukowina 152
Monasterio
- de San Juan de la Peña 118
- de Santa María de Poblet 118
- Santa María de Montserrat 118
Mönchengladbach, Städtisches Museum Abteiberg 59
Mondrian, Piet 29
Monreale, Santa Maria Nuova 115
Monte Albán, Ruinenstadt 241
Montefeltro, Federico da 100
Montreal
- Habitat 67 220
- The Biosphère 220
Mont-Saint-Michel, Benediktinerabtei 34
Moskau
- Basiliuskathedrale 134
- Kreml und Roter Platz 134
- Metro 135
- Nowodewitschi-Kloster 136
- Staatliche Universität 135
Mumbai, Chhatrapati Shivaji Terminus 197
München
- Asamkirche 73
- BMW Welt 72
- Olympiapark 72
- Schloss Nymphenburg 73
Munggenast, Joseph 78
Müstair, Benediktinerabtei St. Johann 77
Mykene 158
Mystras, Ruinenstadt 159

N
Nakhon Pathom, Phra Pathom Chedi 202
Nara
- Horyu-ji 211
- Todai-ji 212
Nash, John 23
Neapel, Piazza del Plebiscito 112
Neu-Delhi, Bahai-Tempel 182
Neumann, Balthasar 60, 68
Neviges, Wallfahrtskirche Maria, Königin des Friedens 57
New Canaan, Glass House 221
New York
- Brooklyn Bridge 225
- Chrysler Building 225
- Empire State Building 225
- Flatiron Building 225
- Grand Central Station 222
- Rockefeller Center 222
- Seagram Building 222
- Solomon R. Guggenheim Museum 221
- Sony Building 222
- Statue of Liberty 226
- Woolworth Building 226
Nichelino, Palazzina di Stupinigi 87
Niemeyer, Oscar 246 f.
Niterói, Museu de Arte Contemporâneam 246
Norwich, University of East Anglia (UEA) 17
Notre-Dame de Sénanque 48
Nouméa, Jean-Marie-Tjibaou-Kulturzentrum 216
Nouvel, Jean 119

O
Oak Park, Unity Temple 233
Olbrich, Joseph Maria 81
Olympia, Stadion 159
Orange, Amphitheater und Stadtgründungsbogen 48
Ordensburg Marienburg 139

P
Pacassi, Nikolaus 81
Padua, Basilica di Sant'Antonio 89
Paestum, Heratempel 113
Palagi, Pelagio 87
Palenque, Tempel der Inschriften 241
Palladio, Andrea 24, 35, 88, 92, 231
Palma de Mallorca, La Seu 127
Palmyra, Ruinenstadt 165
Paris
- Arc de Triomphe 37
- Centre Pompidou 40
- Eiffelturm 38
- Louvre 38
- Métro 37
- Notre-Dame 40
- Place de la Concorde 37
- Sacré-Cœur 36
- Sainte-Chapelle 40
- Saint-Louis-des-Invalides 38
Parland, Alfred 132
Parler, Peter 142, 147
Pawlowsk, Palast 133
Paxton, Joseph 24
Pei, Ieoh Ming 226, 228
Peking
- China Central Television Headquarters 207
- Himmelstempel 208
- Nationalstadion 207
- Sommerpalast 206
- Verbotene Stadt 207
Pelli, César 202
Permoser, Balthasar 63
Perrault, Claude 38
Persepolis, Palastanlage 185
Philae
- Isis-Tempel 177
- Trajanskiosk 176
Piano, Renzo 40, 86, 212, 216, 231
Pisa
- Santa Maria Assunta und Baptisterium 97
- Schiefer Turm 98
Pisano, Niccolò 97
Poelaert, Joseph 31
Pompeji, Casa dei Vettii 112
Pont du Gard 49
Ponte, Antonio da 91
Pöppelmann, Matthäus Daniel 63
Poreč, Euphrasius-Basilika 151
Portland, Public Service Building 234
Porto, Casa da Música 129
Potsdam
- Einsteinturm 54
- Schloss Sanssouci 54
Prag
- Altstädter Ring 143
- Karlsbrücke 144
- Tanzendes Haus 144
- Veitsdom 142
- Wladislawsaal 142
Prager Burg 143
Prandtauer, Jakob 78
Primaticcio 41
Puebla, Kathedrale 239
Pueblo de Taos 236
Pugin, Augustus 22

Q
Quedlinburg, Damenstift 56

R
Racconigi, Castello Reale 87
Rangun, Shwedagon-Pagode 200
Ravenna
- Mausoleum des Theoderich 96
- San Vitale 97
- Sant'Apollinare in Classe 97
Real Sitio de San Lorenzo de El Escorial 123
Reed, Joseph 216
Regensburg, Steinerne Brücke 70
Reichenau, Benediktinerabtei 75
Reims
- Notre-Dame 33
- Saint Rémi 33
Ried, Benedikt 142, 147
Rietveld, Gerrit 29
Rodriguez, Lorenzo 239
Rogers, Richard 24, 40
Rom
- Caracalla-Thermen 109
- Castel Sant' Angelo 104
- Dio Padre Misericordioso 111
- Diokletiansthermen 106
- Fontana di Trevi 104
- Forum Romanum 107
- Kapitolsplatz 106
- Kolosseum 108
- Konstantinsbogen 108
- Maxentiusbasilika 108
- Monumento Vittorio Emanuele II 105
- Pantheon 105
- Piazza del Popolo 103
- Piazza San Pietro 102
- San Paolo fuori le Mura 111
- San Pietro 102
- Spanische Treppe 104
- Tempietto di San Pietro in Montorio 109
- Titusbogen 107
Romano, Giulio 95
Ronchamp, Notre-Dame-du-Haut 43
Roskilde, Dom 13
Rubens, Peter Paul 29
Rudnew, Lew 135
Ruinenstadt
- Karthago 170
- Machu Picchu 244
- Timgad 168

S
Saarinen, Eero 232
Sacconi, Giuseppe 105
Sachetti, Juan Bautista 123

REGISTER | 255

Safdie, Moshe 220
Saint-Denis, Basilika 36
Saint-Savin, Abbaye de Saint-Savin-sur-Gartempe 45
Sakkara, Stufenpyramide des Djoser 174
Salamanca, Catedral Vieja y Catedral Nueva 122
Salvi, Nicola 104
Salzburg, Dom 83
Samarkand, Gur-Emir-Mausoleum 188
Samarra, Große Moschee 184
San Francisco
- Golden Gate Bridge 237
- Museum of Modern Art 237
San Gimignano, Geschlechtertürme 99
Sana'a, Altstadt 179
Sanchi, Großer Stupa 196
Sanctis, Francesco de 104
Santiago de Compostela, Kathedrale 117
Santini-Aichl, Johann Blasius 144
Santo Domingo, Ciudad Colonial 243
Schadow, Johann Gottfried 54
Scharoun, Hans 64
Schinkel, Karl Friedrich 51
Schirmer, Heinrich Ernst 10
Schlaun, Johann Conrad 60
Schminke, Fritz 64
Schultes, Axel 53
Schwangau, Schloss Neuschwanstein 74
Seattle, Central Library 233
Segenschmid, Franz Xaver 82
Segesta, Tempel 114
Segovia, Santa María 122
Semper, Gottfried 62
Sergijew Possad, Dreifaltigkeitskloster 134
Sevilla, Santa María de la Sede 127
Shibam, Wohnhäuser 178
Siena, Piazza del Campo 101
Sinai, Katharinenkloster 175
Sinan 162 f.
Sintra, Palácio Nacional da Pena 130
Skidmore, Owings and Merrill 234
Solari, Santino 83
Songshan, Shaolinkloster 208
Speyer, Kaiser- und Mariendom 69
Split, Diokletianspalast 151
St. Gallen, Fürstabtei 77
St. Louis, Gateway Arch 232
St. Petersburg
- Auferstehungskirche 132
- Peterhof 133
Stockholm, Königliches Schloss 10
Stoß, Veit 141
Strauss, Joseph B. 237
Suger, Abt 36
Sullivan, Louis 232
Susdal, Kreml 137
Sydney
- Harbour Bridge 215
- Opera House 216

T

Ta Prohm, Ruinen 204
Taipeh, Taipei 101 214
Tanjavur, Brihadisvara-Tempel 198
Taormina, Teatro Greco 114
Tempel von Prambanan 214
Tempelanlage von Borobudur 214
Tencalla, Pietro 147
Teotihuacán, Sonnenpyramide 241
Tepotzotlán, San Francisco Javier 239
Tessin d. Ä., Nicodemus 11
Theben, Medînet Hâbu 177
Thornton, William 229
Thumb, Peter 77
Tiepolo, Giovanni Battista 68
Tikal, Tempel des großen Jaguars 243
Timbuktu, Altstadt 182
Tivoli
- Villa Adriana 102
- Villa d'Este 101
Toledo, Juan Bautista de 123
Tomar, Convento de Cristo 128
Toruń, Rathaus 140
Tournai, Kathedrale Notre-Dame 31
Trier
- Porta Nigra 65
- St. Peter 65
Trondheim, Nidarosdom 10
Turin
- Lingotto-Fiatwerke 86
- Mole Antonelliana 86
- Superga 85
Turner Richard 24

U

Ulm, Münster 72
Ur, Zikkurat 184
Urbino, Palazzo Ducale 100
Utrecht, Rietveld-Schröder-Haus 29
Utzon, Jørn 216
Uxmal, Pyramide des Zauberers 242

V

Valadier, Giuseppe 103
Valencia, Ciudad de las Artes y de las Ciencias 124
Vanbrugh, John 19
Vanvitelli, Luigi 111
Venedig
- Basilica di San Marco 92
- Ca' d'Oro 91
- Il Redentore 92
- Palazzo Ducale 93
- Piazza San Marco 91
- Ponte di Rialto 91
- Santa Maria della Salute 93
Verona, Arena 87
Versailles
- Petit Trianon 35
- Schloss 35
Vézelay, Sainte-Marie-Madeleine 43
Vicenza
- Basilica Palladiana 88
- La Rotonda 88
- Teatro Olimpico 88
Vilnius, St.-Annen-Kirche 138
Viscardi, Giovanni 73
Volders, St. Karl Borromäus 83

W

Warathy, Innozenz 71
Warren &Wetmore 222
Warschau, Altstadt 139
Washington
- Lincoln Memorial 228
- National Gallery of Art East Building 228
- The Pentagon 229
- United States Capitol 229
- White House 230
Weimar, Stadtschloss 60
Weliki Nowgorod, Sophienkathedrale 137
Wells, St. Andrew's Cathedral 27
Wien
- Haas-Haus 80
- Hofburg 80
- Hundertwasserhaus 78
- Looshaus 79
- Schloss Schönbrunn 81
- Schönbrunner Palmenhaus 82
- Secessionsgebäude 81
- Stephansdom 78
Wies, Kirche zum Gegeißelten Heiland 74
Windsor, Windsor Castle 26
Wladimir, Maria-Himmelfahrtskathedrale 136
Wolfe-Barry, John 21
Wood II., John 25
Woodstock, Blenheim Palace 19
Worms, St. Peter 67
Wren, Christopher 19
Wright, Frank 221, 226, 233 f.
WS Atkins PLC 180
Würzburg, Residenz 38

Y

Yamoussoukro, Notre-Dame de la Paix 182

Z

Zamora, Kathedrale 121
Zimmermann, Dominikus 74
Zips, Burg 148

Bildquellen

dpa Picture-Alliance GmbH:
Seite 6 l.; 7 l.; 8/9; 10; 11 u.r.; 12; 13 u.; 16 u.; 17 o.; 18; 19 u.r.; 22 (2); 23 o.; 26 o.l., o.r.; 27 u.; 28/ 29 (4); 30/31 (3); 34 o.; 35 o., u.r.; 36 (2); 37 o.; 38 o.r.; 42 (2); 43 u.; 44 u.l.; 45 o.; 46; 47 u.; 48 o., M.; 49 o.; 50 o.; 51 o.; 55 u.; 56 (3); 57 o.; 59 (3); 60 o.l.; 62 u.; 64 u.; 65 u.; 67 u.; 68 u.r.; 69; 72; 73 o.; 79 u.; 83 o.; 84; 85 u.; 86 o.; 88 o.; 89 u.; 90; 91 u.; 92 o.; 93 u.; 94 o.r.; 96 u.; 98 o.l.; 101 o.l., u.; 102; 104 o.l.; 106 (2); 107 u.; 108 u.l., u.r.; 109 o.; 110 (2); 111 u.; 112 o.l., u.l.; 113 u.; 114 o.; 117 o.; 118 o., u.l.; 120; 121 o.l.; 122 u.; 125 u.; 127 u.r.; 129 o.l., o.r.; 130 u.; 133 o.; 136 u.l.; 137 o.; 139 (2); 140 o.r.; 141 (2); 142 u.; 144 o.l.; 146 u.; 147 o.; 148 o., M.; 150; 151 u.l., u.r.; 153 u.; 155 u.; 156 u.; 159 u.; 162 o.l., o.r.; 163 u.; 166 M.; 167 (2); 168 o.l., o.r.; 169 o.; 170 o.r., u.; 172 u.; 173 o., M.; 176 o.; 177 o.; 178 o.; 180 u.; 181 (3); 182 o.; 183 o.; 186/187; 188 o.; 189 o.; 190 o.; 191 u.; 192 u.; 193 u.; 194 (2); 195 u.; 196 u.; 198 o., u.; 202/203 (4); 204 o.r.; 205 (2); 207 o., u.l.; 208 o.; 209 u.l.; 210; 211 o., u.r.; 212 o.; 213 (2); 214 (2); 215 u.; 220 (2); 223 (3); 224 (2); 225 u.; 226 u.; 228 M.; 229 u.; 230 o.; 231 u.; 232 u.; 234 u.l.; 238; 239 u.l.; 241 o.; 242 u.; 244 o., M.; 246 u.; 247 o.; 249 (2).

Interfoto:
Seite 5 o.; 14 u.; 15 u.; 16 o.; 17 u.; 19 o., u.l.; 20 u.; 21 u.; 23 u.; 24 (2); 25 M.; 34 u.; 35 u.l.; 38 o.l.; 39; 40 u.; 43 o.r.; 57 u.; 61 u.; 63 o.; 73 u.l.; 76; 77 u.; 78; 79 o.l.; 82 u.; 91 o.; 92 u.; 94 u.; 98 o.r.; 99 o.; 100 o.; 103 o.r., u.; 104 u.; 105 u.; 107 o.; 109 u.; 117 u.; 123 u.; 126; 135 o.; 138 o.l.; 156 o.; 157 o.; 158 u.; 166 u.; 168 u.; 170 o.l.; 172 o.; 176 u.; 178 u.; 182 u.; 184 u.l.; 185 u.; 188 u.; 192 o.; 196 o.; 197 u.; 199 (2); 208 u.; 221 o.; 228 u.; 230 u.; 234 u.r.; 236 o.; 242 o.l., o.r.; 243 u.; 248; 250 u.

mauritius images GmbH:
Seite 5 u.; 6 r.; 7 r.; 11 o., M., u.l.; 13 o.; 14 o.; 15 o.; 20 o.; 21 o.; 25 o., u.; 26 u.; 27 o.; 32/33 (4); 37 u.; 38 M.; 40 o.; 41 (2); 43 o.l.; 44 o., u.r.; 45 u.; 47 o.; 48 u.; 49 u.; 50 u.; 51 u.; 52/53 (4); 54; 55 o.l., o.r.; 58; 60 o.r.; 61 M.; 62 o.; 63 u.; 64 o.; 65 o.; 66 (2); 67 o.; 68 o., u.l.; 70/71 (4); 73 M., u.r.; 74/75 (4); 77 o.; 79 o.r.; 80/81 (4); 82 o.; 83 u.; 85 o., M.; 86 u.; 87 (3); 88 u.; 89 o.; 93 o.; 94 o.l.; 95 (2); 96 o.; 97 (3); 99 M., u.; 100 u.; 101 o.r.; 103 o.l.; 104 o.r.; 105 o.; 108 o.; 111 o.; 112 u.r.; 113 o.; 114 u.; 115 (3); 116 (2); 118 u.r.; 119 (2); 121 o.r., u.; 122 o.; 123 o.; 124 (2); 125 o.; 127 o., u.l.; 128 (2); 129 u.; 130 o.; 131 (2); 132 (3); 133 u.; 134 (3); 135 u.; 136 o., u.r.; 137 u.; 138 o.r., u.; 140 o.l., u.; 142 o.; 143 (2); 144 o.r., u.; 145; 146 o.; 147 u.; 148 u.; 149 (2); 151 o.; 152 (3); 153 o.; 154; 155 o., M.; 157 u.; 158 o.; 159 o.l., o.r.; 160/161; 162 u.; 163 o.; 164/165 (4); 166 o.; 169 u.; 171; 173 u.; 174/175 (4); 176 u.l., u.r.; 179 o.; 180 o.; 184 o., u.r.; 185 o.; 189 u.; 190 u.; 191 o., M.; 193 o.; 195 o.; 197 u.; 198 M.; 200/201 (4); 204 o.l., u.; 206 (2); 207 u.r.; 209 o., u.r.; 211 u.l.; 212 u.; 215 o.; 216/217 (3); 218/219; 222; 225 o.; 226 o.l., o.r.; 227; 229 o.; 231 o.; 232 o.; 233 o.; 234 o.; 235 (2); 236 u.; 237 (2); 239 o., u.r.; 240 (2); 241 u.; 243 o.; 244 u.; 245 (2); 246 o.; 247 u.; 250 o.; 251.

Sonstige Quellen:
Contemporary Arts Center, Cincinnati, OH: Seite 228 o.
Corbis GmbH: Seite 221 u.
U.S. Department of the Interior, National Park Service: Seite 232 M.
Wikimedia Foundation Inc.: Seite 61 o. (Falkenreich), 183 u. (Claude McNab); 233 u. (Snurks).